GRITOS
DEL ALMA

GRITOS
DEL ALMA

¡GRITARÉ POR TI,
POR MÍ Y POR LOS OTROS!

MANUEL ECHEVARRÍA LAUREANO

Número de Control de la Biblioteca del Congreso de EE. UU.:   2021905323
ISBN: Tapa Dura   978-1-5065-3663-7
                Tapa Blanda   978-1-5065-3665-1
                Libro Electrónico   978-1-5065-3664-4

Información de la imprenta disponible en la última página.

Fecha de revisión: 29/03/2021

Para realizar pedidos de este libro, contacte con:
Palibrio
1663 Liberty Drive, Suite 200
Bloomington, IN 47403
Gratis desde EE. UU. al 877.407.5847
Gratis desde México al 01.800.288.2243
Gratis desde España al 900.866.949
Desde otro país al +1.812.671.9757
Fax: 01.812.355.1576
ventas@palibrio.com
827975

ÍNDICE

PARTE II - LAS URGENCIAS DEL ALMA

PARTE III - UN DESTELLO EN EL ORBE

DEDICATORIA

Dedico este libro a mi hermosa familia: Mi amada
esposa Irene y mis tres maravillosos hijos: Manuel,
Samuel y Jonathan. Ustedes han dado refrigerio a
mi vida en este desierto y me han animado a gritar
cuando debo. Los amo y estoy orgulloso de ustedes.

AGRADECIMIENTOS

"Doy gracias al que me fortaleció, a Cristo Jesús nuestro Señor…" porque me ha dado fuerzas para concluir esta tarea. De nuestro Dios proviene "toda buena dádiva y todo don perfecto…" ¡Señor, gracias por las fuerzas que me has dado!

A mi esposa Irene y a mi familia que siempre me han animado en las tareas que he emprendido o se me han impuesto. A mi nuera Lourdes, que me ayudó a ordenar los temas y me animó con su entusiasmo. A mi amigo y compañero de milicias cristianas, el Dr. Tomás Rodríguez Pagán, por aceptar la encomienda de leer el texto original y sugerir correcciones.

A todos los que me han motivado a gritar y a los que provocaron mis gritos ¡gracias! Me siento en deuda con ustedes.

INTRODUCCIÓN

Se escriben cientos, por no decir miles, de libros de autoayuda, motivación y guía espiritual que son de aliento a millones de personas frustradas que van por la vida recogiendo migajas de gozo que se les cae a los que van delante. No pretendo inmiscuirme entre los escritores de profesión; no creo que sea escritor. Soy un jíbaro del campo que tiene inquietudes y que sufre y padece como cualquier otro ser humano. Lo que escribo aquí es porque sale de lo más profundo de mí ser.

He visto algo bajo el cielo: Que hay multitud de personas que se tragan lo que sienten por diferentes razones. Unos por timidez, otros por vergüenza, algunos por miedo, unos por el qué dirán y otros, supuestamente, por reverentes.

Tuve una experiencia inolvidable estando en un santuario. Saludé a una joven de buena presencia, profesional, con un prestigioso trabajo, etc. Le pregunté cómo estaba; y mirándome fijamente dijo: _ "¡Quisiera comenzar a gritar y a gritar, hasta caer muerta!"

Me quedé sorprendido. Pensaba que aquella joven lo tenía todo. Con el tiempo he aprendido que todos tenemos nuestras frustraciones, que cada quién tiene algo que quisiera gritar a los cuatro vientos, pero no lo hacemos. Sin embargo, me he tomado el atrevimiento de comenzar a gritar lo que siento y lo que muchos quisieran gritar y no se atreven.

Gritaré por el que tiene en su ser los perros amarados, por los que temen que descubran el lado oscuro de su vida. Alzaré mi voz por los marginados, por los que temen a las represalias de la sociedad, gritaré por los desvalidos y por los que, con su pecho lleno de tristeza y sentimientos ocultos, no se animan a decir lo que bulle en su corazón. ¿Y qué? Gritaré también por los que por causa de la religión tienen la conciencia y el corazón hipotecados y no gritan lo que han querido gritar por siglos.

El otro día, mientras viajaba en mi auto, escuchaba un programa de radio, de los pocos que se pueden escuchar. Una sicóloga discutía con la moderadora de un programa los acontecimientos violentos de cada día. En medio de su análisis dijo algo que me dejó sin respiración: _ **"Los paranoides están dispuestos a decir lo que otros callan."** Entonces, sin pensar un minuto, me dije a mi mismo: _ "¡Mijito, eres paranoide declarado; tienes el sello puesto!" Soy paranoide... ¿Y qué? ¡A mí... que me registren!

Gritaré por mí mismo, por ti, que lees estas líneas, por el otro y la otra, que desea gritar al infinito; en fin, gritaré por los paranoides enclaustrados en las mazmorras del qué dirán de la sociedad putrefacta, gritaré por el mundo entero, para que las generaciones que siguen se animen a gritar cuando lo deseen, donde deben y en el lugar oportuno.

Ahora, en este instante, gritaré contigo... desde lo profundo de mi alma.

**El Señor me dijo:
"Grita fuertemente, sin
miedo,"**

Isaías 58:1(DHH)

PARTE I

Un mundo agonizante

¡Mi alma grita al infinito!

¡Mi alma grita al infinito! Grita por las heridas que no puede pronunciar mi boca; por las heridas que no puede sanar mi alma. ¡Cuán dolorosas son las lesiones que he recibido de los que me rodean... de los que me aman! Las heridas de los otros no me sangran.

Estoy malamente golpeado, pero mi cuerpo se rehúsa a mostrar su condición. Esas magulladuras le duelen al alma.... Por eso grita. ¡Ay, que tenebroso saber que el alma no muere! ¿Sanarán las heridas del alma?

El grito del alma sale al infinito entrecortado, porque sus fuerzas han disminuido a causa del largo tiempo de su dolor. En la tierra no hay instrumentos que detecten las contusiones del alma. ¡Cuántos payasos pasan las noches entre sollozos y en la mañana sonríen al público que vive ajeno de su tragedia! ¡Cuántos a la vera del camino gimen sin ser escuchados! No hay sanidad para sus heridas. Los que han recibido la encomienda de trabajar para aliviar el dolor... ellos también están muriendo de aflicción.

¡Oh, si el infinito se apiadara de mi dolor y me dejara subir donde no haya agonía! Grito con el escritor antiguo: "¡Miserable de mí! ¿Quién me librará de este cuerpo de muerte?" ¡Dichoso el cuerpo, que él muere, entre tanto, yo sigo gritando al infinito!

Esta sensación que llevo entretejida en los recovecos de mí ser alimenta mi pena. ¡Cuántos, al igual que yo, aparecen con cuerpos que son pancartas de felicidad cubriéndole el alma carcomida! ¡Ay, cuánta *"parsimoniosidad"* de aquellos que disimulan su podredumbre cubiertos de hipocresía y estupidez!

Se agrava mi dolor al percibir las miradas suspicaces de aquellos que llevan el mismo dolor y saben que lo sé, pero no pronuncian palabra alguna, no pueden. ¡Oh, si me escuchara el universo en pleno!

El reloj continúa su paso apresurado, el sol acelera su marcha... y yo sigo gritando al infinito. La luna abochornada se esconde tras las nubes; la noche enojada no quiere mirar el sol que la persigue, y yo, sigo mi grito ensordecedor, pero inaudible para el mundo. Inaudible para el mundo... porque es **un grito del alma**.

— 2 —

¡Qué podredumbre!

Grito por la podredumbre de este sistema de cosas. ¡Tantos sepulcros blanqueados! ¡Tantos encumbrados en pedestales de hipocresía! Los gatos se quedan cortos ante los "honorables" que protagonizan diferentes papelones ante los tontos que les aplauden estúpidamente. La corrupción permea esta tierra y tengo que exclamar como la incrédula Marta ante la tumba de su hermano: _ "¡Hiede ya…!"

Las buenas costumbres están pasando de moda y se ha relajado todo lo respetuoso y lo reverente. Se admira a un ser infeliz que se siente realizado ridiculizando la decencia. Se le rinde homenaje al profano, al que mancilla la verdad con su hueca palabrería. Todos se revuelcan en sus propias inmundicias culturales y la persona decente es como una gota de perfume en el cuerpo de un animal descompuesto. El libertinaje ha llegado a su máxima expresión. Los vicios se han entronado en todas las esferas de esta sociedad maloliente, hasta el colmo de pensarse que cada aberración es una manifestación más de una nueva generación.

¡Ay, madre mía, que los escándalos diarios ya son parte del aire que respiramos! Son tantas las vacunas de tolerancia que se han suministrado, que cada inmoralidad se mira con una pasividad aterradora. Este es un mundo licencioso, un mundo erótico, un mundo obsceno, un mundo podrido.

¿Cuánto perfume haría de este mundo uno habitable? ¡Ninguno! Se necesita algo más que perfume porque no es cuestión cosmética, es una descomposición irreversible.

La ética... ¿la ética?... ¿qué es la ética?... Es una materia que se estudia en algunos cursos de seminarios y universidades. Las personas que están en eminencia, en su inmensa mayoría, se convierten en férreos enemigos de la verdadera ética. Trabajan para su propio beneficio y de sus secuaces, aunque tengan que llevarse a quien sea de frente.

Me asquea la situación que impera en este sistema de cosas corrompido. El hedor de la humanidad sube al cielo. Todo ha comenzado a descomponerse y el proceso está demasiado avanzado. ¿Cuándo acabará este mugroso proceso? ¡Qué agonía saber que es una metamorfosis bochornosa y que el resultado será la desintegración total de lo más sublime que había en el hombre! ¡Qué asquerosidad se avecina! ¡Qué infierno se cierne en el orbe! **¡Qué podredumbre!**

— 3 —

¡No soporto el fingimiento!

Grito por los camaleones de la vida, por los seres que se acomodan a cada situación sin sentir un ápice de lo que hacen o dicen. ¡Cuánto fingimiento, madre del alma! Todos simulan ser lo que jamás han sido, ni serán.

¿Por qué ese empeño de aparentar lo que en realidad no somos? ¿Será que hay unos parámetros inalcanzables de conducta que quisiéramos alcanzar y no podemos? Los hay. ¡Claro que los hay! Pero nuestra mediocridad nos impide subir la empinada cuesta de la sinceridad y la verdad. ¡Ay, si pudiera subirla! ¡Cuánto lo deseo!

¡Tanta hipocresía, Dios Santo! Amamos de la boca hacia fuera mientras dentro del corazón hay un eterno invierno. Deseamos el restablecimiento del enfermo, pero muchas veces en lo recóndito del ser quisiéramos que se muriera. ¡Cuántas veces reímos del comentario que nos hacen, pero mascullamos entre dientes: _ ¡zángano!

Esa epidemia de insinceridad y disimulo se ha esparcido por todas partes. Religiosos, hombres de estado, políticos, comerciantes y profesionales, todos están contaminados. Está contaminado el que tiene y el que le falta, el sano del cuerpo (si queda alguno) y el enfermo, el del campo y el de la ciudad; en fin, es una peste niveladora.

¡Cuánto fariseísmo! ¡Cuántos de los que enseñan la moral se arrastran en las profundas cloacas de la indecencia! ¡Cuántos de los que predican la honestidad y la vergüenza están hundidos en insondables lodazales de corrupción y vicio!

¡Qué catástrofe se desataría si los seres humanos nos reveláramos tal cuál somos! ¡Si todos lograran ver lo que llevamos en nuestro ser interior, qué desastre! La esposa que no ama, pero disimula tranquilamente; el esposo que es infiel y pasa por un compañero ideal; el sacerdote que ha abrazado el celibato y mancilla la feligresa ingenua; el ministro que camina majestuoso y santurrón y vive lleno de vicios e inmoralidades. ¡Ay, madre mía, qué dolor!

¡Qué agonía debió experimentar el Apóstol Pablo con aquella lucha interior que lo afligía! "Porque lo que hago, no lo entiendo; pues no hago lo que quiero, sino lo que aborrezco, eso hago. Porque no hago el bien que quiero, sino el mal que no quiero, eso hago."

Grito por los que aprovechan las tinieblas para practicar aquello contra lo cual supuestamente luchan. Siento un dolor agudo por un mundo hipócrita que muere fingiendo. Quiero gritar al infinito mi irremediable dolor por la humanidad artificiosa. Deseo que me oiga el universo entero levantar la voz para exclamar: **¡No soporto el fingimiento!**

— 4 —

¡Qué dolor!

Grito por el dolor de la humanidad. ¡Cuánto dolor en este mundo, Dios amado! Los hospitales están abarrotados de gente llena de dolor. Aquel que gime a causa del malestar cuyo origen desconoce, su dolor es más desesperante. Los niños que lloran de dolor es la pena mayor por la cual grito.

¡Cuánto tormento en esta humanidad que solloza! ¡Qué dolor cuando sé que muchos mueren de hambre! Los que son víctimas de las guerras son presa fácil del dolor que acosa este mundo. Cuántos torturados, vejados, vilipendiados; que ni siquiera gritan, resignados a su aflicción.

¿Cuánta amargura puede soportar el hombre? ¡Ay, mi Dios, el corazón me da punzadas por los que padecen sin esperanza; por los que no quisieran que llegara la noche, pues se le agrava su dolor; por los que esperan con ternura que su padecimiento acabe cuando ella llegue con sus manos heladas a concluir su jornada!

Hay seres que no conocen el placer. Nacieron en dolor y han vivido en él. ¿Qué dije? ¿Han vivido? No, no han vivido, porque el que está inmerso en una continua sensación molesta y aflictiva realmente no vive… sufre. Sufre por el martirio de su padecimiento, por el malestar de su causa, por el suplicio de una existencia quebrantada. Quebranto que conduce a la desesperación, al tormento implacable, o a la espera angustiosa de un desenlace que se distrae en el camino. Camino insospechado y tenebroso que arranca de lo profundo del ser el grito apagado de un viaje sin retorno.

Hay almas que han nacido montadas en potros de tormento. La aflicción las ha obligado a confesar que han nacido para llorar y se han abrazado al látigo del verdugo que las atormenta. ¡Ay, cuántos sollozos podré escuchar sin desplomarme en los brazos de la locura! Locura que muchas veces se convierte en aliada del que sufre haciéndolo insensible e indiferente al dolor que lo fastidia.

¡Qué difícil es luchar con enemigos invisibles! No hay radiografía que presente el dolor de la humanidad. Sin embargo, seguimos flagelados por el dolor, seguimos acosados por ese fantasma que no discrimina, seguimos con esa sensación inmisericorde que no perdona, pero que nos obliga a reconocerle postrados ante él y espera impávido oír su nombre: **¡Qué dolor!**

— 5 —

¡No entiendo!

¡Grito por lo incomprensible de la problemática que nos rodea! Sencillamente, no entiendo. ¿Cómo entender por qué muere un niño indefenso quemado dentro de una choza? ¿Cómo entender por qué un ser bueno muere de inanición en un rincón solitario del mundo sin haber una mano amiga que lo sostenga? Sencillamente, no entiendo.

No entiendo por qué una madre quita uno por uno la vida a sus cinco hijos menores sin titubear cuando ve que la existencia se le escapa a la primera víctima. ¿Quién podrá entender por qué un padre abusa de sus propias hijas por largos años sin poder despertar a la grotesca realidad de sus aberraciones? ¿Y qué, cuando el avaro tima a un pobre arrebatándole el sustento que ha ganado con el sudor de su frente? Sencillamente, no entiendo.

No entiendo por qué un esposo que ha vivido largos años con la compañera de su vida cualquier día le da muerte y se suicida, o por lo menos lo intenta, echando a un lado toda una gama de satisfacciones y experiencias agridulces. Realmente no lo puedo entender. ¿Cómo un hijo puede abusar sexualmente de su madre, la golpea, le arrebata la vida, y luego les sonríe a las cámaras de los morbosos camarógrafos que le asechan como quién retrata a un valiente?

Se me hace difícil entender cómo los politiqueros de profesión dicen sus grandes mentiras que rayan en lo ridículo y el pueblo endeble y desdichado les cree como si estuvieran citando las Sagradas Escrituras. Por qué los gobernantes masacran el pueblo, lo pisotean, lo ultrajan, y ese pueblo se mantiene dócil, manso y añangotado... no lo puedo entender.

¡Si entendiera, madre mía, por qué hay personas que hacen el mal y aparentemente todo les va muy bien y que hay personas que lo único que les falta es una aureola para ser ángeles y la pasan tan mal que peor no puede ser; me consideraría dichoso; pero ¡ay de mí... no lo puedo entender!

No entiendo por qué la riqueza está en manos de unos pocos mientras los más no tienen ni un mendrugo para mitigar el hambre que los agobia. ¿Qué pasa con los pobres que da la impresión de que nadie los oye? ¿Qué les sucede a algunos pueblos que han caído en tan grande miseria y no acaban, ni siquiera, de levantar la cabeza? No entiendo por qué hay pueblos que viven en el desenfreno, la lascivia, las orgías y bacanales y están prósperos y cargados de riquezas.

El entendimiento me falla y la comprensión se me escapa cuando pienso que hay cosechas que se pierden por una gota de agua que no cae y como consecuencia los países pasan tremendas hambrunas; mientras en otros lugares cientos mueren en medio de las inundaciones y también se pierde lo sembrado bajo las inmensas e incontenibles corrientes de aguas.

¡Ay, Dios de mi alma, que me he embrutecido; pues cada día son más las cosas que no puedo entender! Cada mañana al despertar y cada noche al esconderse el sol tengo que, con una desesperación inmensurable, gritar… **¡No entiendo!**

— 6 —

¡Tanta miseria!

¡Grito porque vivo en un mundo lleno de miserias! Cuando nos adentramos en nuestro pueblo, nos compenetramos con las personas y caminamos con ellos en su diario vivir, nos damos cuenta de que vivimos en un mundo cargado de miserias. De personas que viven en completa estrechez carente de lo indispensable, de esas el mundo está lleno. ¡Cuánto cacareamos de lo adelantados que estamos, del desarrollo que hemos alcanzado, sin embargo, nuestro derredor está lleno de miseria!

Recuerdo que mi padre me explicaba las artimañas de los vendedores de aguacates allá en la Plaza del Mercado de mi pueblo. Él me decía: _ "Los que venden aguacates en lonas o sacos tratan de colocar los más grandes en el fondo, los lados y la boquilla, mayormente en la boquilla, donde se ven; los pequeños los metían en medio del saco para aparentar que todos los aguacates eran grandes. Pero el comprador listo lo que hace es que vacía la lona y ve todos los aguacates tal como son." _ Salvando la debida distancia entre los aguacates y la gente que vive en la miseria, la situación es básicamente la misma. Si quieres ver la miseria… vacía la lona, y verás los que viven dependiendo de las migajas del gobierno, de los que agonizan comidos por el cáncer entre trapos viejos, de los que viven entre perros y gatos en un pestilencial infierno, de los que esperan la muerte solos, en situaciones infrahumanas inimaginables. Vacía completamente la lona, y verás aquél que no alcanzó justicia porque no tenía un centavo para comprarla; también verás al marginado por el color de su piel o por el estigma de su padecimiento.

¡Tanta miseria, Dios amado! He visto personas pasar la noche en carros viejos, en los bancos de la plaza, en los pórticos de las tiendas. En las mañanas, cuando el bullicio o el calor los despiertan, se asoman a un mundo lleno de miseria por la ventana de la soledad. Luego, a duras penas, echan a andar su cuerpo maloliente por las calles de la desesperanza sin rumbo. Cuando pasan por el lado de esas señoronas de moños encopetados las miran con la falsa ilusión que les tirarán con alguito… pero ellas, cubriéndose la nariz con una de las manos, empuñan bien su cartera con la otra, y aligeran el paso para no ser "asaltadas" por el vagabundo.

Esos cuadros que vemos en los anuncios de las misiones que ayudan a los niños de otros países nos parecen muchas veces que son niños artistas simulando la miseria de algún lugar imaginario. Pero no, en esos chicos barrigones con el ombligo como grandes caracoles negros, se refleja la miseria de la mayoría de la humanidad y son de carne y hueso y viven en carne propia la miseria que para otros es una exageración, una mala manera de allegar fondos, o una forma morbosa de fingir que ayudamos.

¡Tanta miseria, Fela de mi alma! Tengo, sin remedio, que gritar al infinito por la miseria en que vive la mayoría de la humanidad. ¡Si cada ser humano que tiene recursos compartiera sin fingimiento su pan con el hambriento! Pero no lo hacemos, y el mundo sigue agonizante bajo las cargas insoportables de la miseria, de esa miseria que no está en Haití, ni en África, ni en Asia; está ahí, justamente ahí a mi lado, por lo cual tengo que gritar: **¡Tanta miseria!**

— 7 —

¡Más miseria!

¡He visto la miseria de este mundo! ¡Por eso gritaré! Hay otra miseria que transcurre sigilosa y que se esconde en el follaje de los seres humanos. Esa miseria que hace infelices a las personas, que los arrastra a donde quiere, que los lleva cautivos a los lugares más bajos de la tierra.

Esa otra miseria, no es la que vemos en el arrabal, ni en los barrios bajos, no, esa está en los apartamentos de lujo de los mejores hoteles, en las mansiones con control de acceso, en las amuebladas oficinas de los altos edificios, en la casa de bajo presupuesto, en los asistentes a las iglesias y también en los escépticos, en los jóvenes y en los viejos.

Sí, los más miserables viven en los lugares más disimulados. Los que, en apariencia, creemos más dichosos van por los caminos de la vida cargando el cadáver putrefacto de su propia miseria. De tan sólo pensarlo me da lástima, por no decir vergüenza. Esos seres humanos miserables deambulan en su penuria, con arritmia mental y el corazón apagado. Que el dinero, la vanagloria y el orgullo los tienen a ellos; pero ellos tienen insuficiencia de paz, de sosiego, de amor, en fin, de todo lo que hace verdaderamente rico, libre y feliz a un ser humano.

En ocasiones los periodistas describen ciertas escenas de los arrabales o los barrios bajos y pintan un cuadro de personas pobres diciendo que viven en la miseria. Pero ¿cuál será más miserable, el que no tiene riquezas económicas y vive tranquilo en su barrio bajo o el que tiene todo lo que se le antoje materialmente, pero carece de la más elemental pizca de sosiego, porque sus riquezas materiales, su fama y sus placeres, no llenan el vacío de su existencia?

¡Siento un inaguantable deseo de gritar a los que disimulan su miseria! Quisiera despertar con mi estruendoso clamor a aquellos encopetados en su orgullo que son incapaces de aceptar su agónica marcha por el camino de la infelicidad y la miseria. ¿Por qué no salen de su morriña los que agonizan bajo el peso de la cruz que se han impuesto esos engreídos de la vida? ¡No pueden, claro que no pueden! Están condenados a ser miserables hasta que salgan de las cloacas de la soberbia. Pero su posibilidad es nula porque jamás aceptan que viven en esa alcantarilla de la muerte.

No puedo susurrar lo que siento porque muchos no escucharán ni siquiera mi vociferar en el Everest. No tienen la más mínima idea que se pudren en su miseria comprada. Si pusiéramos en una balanza la situación de los pobres y la de aquellos miserables de la losa, la balanza se inclinaría hacia estos últimos, porque la de ellos es…**más miseria** que la de los otros.

— 8 —

¡Qué lucha!

Conozco a un amigo ministro que siempre que es saludado y contesta, en ese silencio sepulcral que sigue a los saludos, mira a su interlocutor como quién va al cadalso y se confiesa y junto con un suspiro de ministro agobiado por los problemas propios y ajenos exclama: ¡Qué lucha! Tras el suspiro de aquella ánima en pena queda un volcán a punto de erupcionar.

¡Qué lucha! Ese es el grito de toda la humanidad. Cuando veo el ir y venir de la gente, los que tienen tiempo de mirarme, con su lánguida mirada me gritan: ¡Qué lucha! Los otros, los otros no pueden mirar, porque van enfrascados en su propia lucha.

¡Qué lucha, madre del alma! La vida es una lucha. Los solteros tienen una lucha por casarse. Los que se casan tienen una lucha por tener o no tener un hijo. La mujer embarazada tiene una lucha en todo el período de gestación. El feto tiene una lucha para poder sobrevivir y abrirse paso a este mundo de miserias. La criatura cuando nace tiene una lucha para sobrevivir. El adulto tiene, no una sino mil luchas para enfrentar los retos de la existencia. El vivo tiene su lucha para no dejarse morir… y el muerto… el muerto… ¡quién sabe cuántas luchas tendrá!

En la lucha, los contrincantes se abrazan para ver cuál puede tirar al otro al suelo. La humanidad está, de igual forma, continuamente abrazada, con mil y un contrincantes que quieren tirarla al suelo. ¡Cuántas cosas me han abrazado! ¡Cuántas veces he rodado! No recuerdo la cantidad de contrincantes y cuántas luchas he tenido porque lo constante de esa desigual contienda me hace pensar que toda la vida es una sola e interminable lucha.

¡Cuántas veces he escuchado a tantos decir de otro que es un luchador! ¡Si supieran que todos estamos en la lucha! Pero entiendo que cuando se dice de alguien que es un luchador implica que ha ido a la lona en un sinnúmero de ocasiones, pero ha podido sobrevivir y levantarse.

Cuando saludo a alguien y oigo ese agónico suspirar característico de todos los seres humanos, aunque no emita palabra alguna, oigo el ulular desesperado de un ánima en pena que gime… **¡Qué lucha!**

— 9 —

¡Qué difícil perdonar!

Me apresto a levantar mi voz, a expansionar ese secreto que me agobia: … se me hace difícil perdonar. ¡Lo gritaré aún más fuerte! Agonizo recordando la imposición divina: "Tu padre celestial te perdonará si perdonas a los que te hacen mal; pero si te niegas a perdonarlos, no te perdonará." ¡Padre, es que se me hace difícil perdonar! Y digo difícil, por no lucir sacrílego y renegado, por no hundirme en el pantano del escepticismo, por no vociferar irracionalmente mi imposibilidad.

¿Es fácil decir te perdono a aquel que mancilla nuestra reputación desfachatadamente y se nos ríe en la cara después que ha consumado su malévola hazaña? ¿A qué padre se le hace fácil perdonar de corazón a un charlatán que le quita la vida a su único hijo conduciendo negligentemente su vehículo? ¿Qué alma bondadosa está dispuesta a perdonar a un sátiro que ultraja a un bebé para satisfacer su desbocado libido? ¡Díganme quién!

¡Qué rabia me da cuando alguien dice de la boca hacia fuera, porque eso se percibe por el más bruto de los seres humanos, que perdona a quien le hizo una cosa o la otra!

¡Rebuzno como el más bruto de los brutos cuando veo a una persona que con los perros amarrados y con los labios cianóticos de rabia expele un maloliente perdón al que mal le ha hecho!

¡Dios santo, tanta palabrería liviana! He escuchado tantas veces al más grande número de personas exclamar: _" Yo perdono, pero no olvido." Pero presenciar eso no me sulfura tanto como escuchar al santo corrector que cantaletea con su vulgar teología: _ "Tienes que perdonar y olvidar." Y, a veces, me revientan los deseos de gritarle: _ "¡Hazlo si puedes!"

¡Dios, sabes que se me hace difícil perdonar! ¡Cuántas espinas llevo clavadas en el corazón! ¡Cuántas heridas abiertas sangran en mi existencia! Pero, Santo Dios… ¡No olvido al ofensor, tú lo sabes! Desde mi niñez traigo mi alforja repleta de angustias y sinsabores, de gritos y ofensas, de bochornos y vergüenzas mal pasadas… y se me hace difícil perdonar a los que allí depositaron su parte.

Este despepitar sin rubores suaviza y refresca el ardor de mi llaga. Porque cuando la infección encuentra por donde supurar su putrefacta carga recibe el alivio que la ceguera le había impuesto.

Que todos lo sepan, que se entere el averno, que retumbe en las puertas de la santurronería camaleónica, que descienda mi grito hasta los rincones más bajos de la tierra, que lo sepan los payasos del confesionario, que escuchen los parsimoniosos de los seminarios… **¡Se me hace difícil perdonar!**

— 10 —

¡Soy mi enemigo!

Nunca olvido, (¡Qué torturantes son en nuestra existencia una inmensidad de recuerdos!) una morbosa costumbre de un muchacho vecino de un templo, en un creciente barrio de un pueblo que no debo mencionar. Se deleitaba, el mozancón mal nacido, en tirar piedras al techo de metal del templo hasta que hacía que el ministro saliera con otros feligreses, entonces el mismo sinvergüenza, se integraba a la búsqueda del que tal maldad hacía. No acabaron las pedradas al techo del templo hasta que un día la conciencia del muchacho no aguantó más y vino a confesar sus pecados. Me chocaba que el mismo maleante buscaba quien practicaba la maldad.

Grito la enemistad que convive en mí. No me agrada la maldad, la persigo… pero a pesar de eso la practico voluntaria o involuntariamente.

No sé dónde aprendí que los seres humanos somos como la luna… siempre tenemos un lado oscuro que no enseñamos a nadie. Aborrezco ese lado oscuro de mi vida. Medito que todo lo que no quiero que vean o conozcan de mí se muda a ese lado oscuro que detesto. Pero ¿quién alimenta y mantiene ese lado oculto de mi vida que detesto? ¡Yo mismo! Dos personas viven en mí. Dije dos, porque me da vergüenza decir más. Uno es enemigo del otro. Uno desea amar y hacer el bien el otro es rencoroso y lleno de malicia. Uno cortés y jovial el otro gruñón y taciturno. El uno libre y comprensivo, el otro pesado y antipático. El uno enemigo del otro... sin embargo conviven en la misma habitación.

En varias ocasiones vi la película *El Doctor Jekyll y Míster Hyde*. Aquel respetable doctor que como producto de sus experimentos preparaba una poción, la tomaba y experimentaba horribles cambios en su personalidad. ¡Dichoso aquel, que tenía que apurar su brebaje para transformarse... yo en cambio, tengo mi transformación natural y espontáneamente!

Puedo afirmar dolorosamente que soy mi enemigo... y no miento. Soy enemigo de la maldad que es fraguada en los aposentos de mí mismo ser. ¡Cuántas veces he hecho lo que mis principios y convicciones detestan! No recuerdo en cuántas ocasiones me he sentido vil y menospreciable después de haber hecho, dicho o pensado algo indigno de mí mismo. ¡Qué agonía, madre del alma! Ahora vuelvo a recordar las palabras del llamado Apóstol de los gentiles cuando le escribió a los romanos: *"Así que, queriendo yo hacer el bien, hallo esta ley: que el mal está en mí. Porque según el hombre interior, me deleito en la ley de Dios; pero veo otra ley en mis miembros, que se revela contra la ley de mi mente, y que me lleva cautivo a la ley del pecado que está en mis miembros."* Lo más que me identifica con aquel que confiesa la guerra civil que hay en su vida es el gemido lastimero que a renglón seguido dejó escapar desde lo más recóndito de su ser: *"*¡Miserable de mí!*"*

¡Miserable de mí, que al igual que aquel que se considera santo por el mundo cristiano, tengo mi acérrimo enemigo viviendo en mí! Si, viviendo en mí, porque… **yo mismo soy mi enemigo.**

— 11 —

¡Qué prisa!

Levanto mi voz por lo vertiginoso del trajín humano. ¡Qué prisa tiene la gente en el mundo de hoy! Hemos sido doctrinados para tener prisa. A todos nos falta tiempo para ejecutar la cargada agenda que nos hemos impuesto. Desconozco si el acceso de todos al reloj nos ha precipitado al acelerado mundo que vivimos.

Hay un cuadro extraordinario pintado por un maravilloso loco que cuando lo contemplé por primera vez no tenía la más mínima idea de su significado. Se trata del cuadro de Salvador Dalí llamado *Persistencia de la Memoria*. Entre otras cosas, se observan unos cuantos relojes envejecidos y derretidos, algunos colgando de diferentes objetos. El famoso cuadro da la sensación de tranquilidad y más que eso el observador se siente sobrecogido porque se da la impresión de que el tiempo se ha detenido o por lo menos transcurre lentamente.

¿Por qué será que a tantas personas se les recomienda tener en casa una pecera y tomarse un tiempo cada día para que se sienten a *terapiarse* con ella? ¡Todos tenemos prisa! Todos hemos sido arrollados por el apresurado tren de la prisa. En la casa todo se debe hacer velozmente para luego hacer lo otro, de igual manera. Tenemos que acostarnos apresuradamente porque debemos levantarnos impetuosamente. Nos aseamos y vestimos con rapidez porque debemos ir al trabajo embalados, para luego estar en el trabajo nerviosos y ansiosos por salir porque debemos hacer otra cosa, para luego hacer otra; y así transcurre nuestra disparada vida.

¿Quién podrá quitarse a esa señora de encima? Doña Prisa se ha apoderado de la humanidad y no hay quién la destrone.

Los lentos son estigmatizados desde que comienzan a vivir. "Ese nene fue lento para echar sus primeros dientes, fue lento para andar, lento para decir sus primeras palabras… etc." En la escuela los maestros informan a los padres que su hijo es lento para hacer la tarea. En otras palabras, en nuestra galopante sociedad los lentos no entran al reino de los cielos.

En las calles atestadas de veloces vehículos hay que tener prisa. Las bocinas de los autos comienzan su sinfonía matutina interpretada por los arrebatados conductores que no soportan la lentitud. Vemos unos cuadros que ya son cotidianos en medio del tapón: la señora que se maquilla, desayuna, y les da las últimas instrucciones a sus niños por el celular mientras conduce como alma que lleva el diablo por el pastizal de la avenida porque el pavimento está atestado de tortugas. El empleado deja su carro mal estacionado porque tiene prisa para llegar a su trabajo. En fin, nos hemos embarcado en la nave de la desesperación conducida por la prisa.

Todos admiran a la persona pausada y cautelosa. ¿Cierto? _ "¡No sé cómo puede!" decimos del flemático. _ "¡Se puede mandar a buscar la muerte con él!" mascullamos del que se toma tiempo para meditar. Cuando vamos a "pelar" al ecuánime que toma el tiempo para hacer sus decisiones decimos: _ ¡Se le pasea el alma por el cuerpo! En lo profundo de nuestro ser los envidiamos. _ "¡Yo no puedo ser así jamás!" decimos lastimosamente; pero en lo íntimo del ser quisiéramos detener el tiempo. Y si lo anterior es verdad, tendríamos que detenernos a la vera del raudo y veloz camino que conduce a la desesperación y gritar con todas las fuerzas que tengamos: **¡¡¡Qué prisa!!!**

— 12 —

¡La vida no es justa!

¿Quién dijo que la vida es justa? Grito hoy estruendosamente las injusticias de la vida. ¡La vida no es justa… ni lo será! Otros lo han dicho como si expresaran una joya literaria para futuras generaciones. El mundo está lleno de injusticias. Ya he gritado las injusticias de la mala distribución de los recursos económicos. ¡Hay quienes nacen como la calabaza! Otros nacen en su pobreza y así pasan la vida y así mueren. No pretendo que la vida sea justa; pero quiero gritar que no lo es por aquellos que creen que es un sacrilegio decir esa gigantesca verdad.

¡La vida no es justa! ¿Qué es la justicia? ¿Qué es sino la virtud de darle a cada uno lo que le corresponde o pertenece? Pero ¿queda alguna virtud en este mundo? Y yo quisiera preguntar a cualquiera que me desee contestar: ¿Hay justicia en esta desigual humanidad? Sin embargo, antes que algún insolente me responda, yo quiero gritar que tampoco hay justicia en este bendito mundo.

¿Tiene cada ser humano lo que le pertenece? Entonces, si la contestación es no, la vida no es justa. ¿Tienen los del arrabal lo que les pertenece? Espero que alguno que lea estas letanías profanas no ose decir: _ "¡Cada uno tiene lo que merece!" ¿Quién nos ha puesto por jueces para decir qué merece quién, o quién merece qué? ¡Qué barbaridad! ¿Tienen los de África y otros lugares semejantes lo que les pertenece? ¿O sencillamente son los condenados de la tierra como dijera Fanon? ¿Quién los condenó? ¿La vida?

¡Tanta desigualdad, Fela de mi alma! Hay personas que les sobra demasiado; a otros les falta de todo. Unos maldicientes, que pasean el cielo con su lengua, tienen salud completa; otros santos de la vida, no la disfrutan por estar marchitos por mil y una plagas. A unos les sobran los colchones ortopédicos y las almohadas de plumas; otros pasan la noche helada bajo unos cartones en algún lugar de la ciudad. Hay miserables que tiran la comida que les sobra en el zafacón o el triturador; a otros les falta un mendrugo viejo para mitigar el hambre que los mata. ¡La vida no es justa!

¡Cuántos avaros con miles de hectáreas de terreno baldío, mientras otros no tienen donde poner cuatro puyas y un techo para pernoctar una mugrosa noche! ¡Cuantos se desviven por tener un hijo al cual amar y arrullar mientras otros que pueden tenerlos los evitan o los asesinan después de ser bendecidos con una preciosa criatura!

Grito con todas las fuerzas que me quedan las injusticias de la vida. **¡La vida no es justa…ni lo será!**

— 13 —

¡No hay Amigos!

Gritaré desde los recovecos de mi anémica alma la desilusión que provocaron en mí unos que se llamaban amigos. ¡Amigos! ¿Amigos? ¿Qué dije? Y… ¿qué es eso? ¡Gritaré con todas mis fuerzas que es un eufemismo! ¡No hay amigos!

El otro día venía en mi vehículo en una zona donde se podía transitar a 45 millas por hora, dejaba la vía principal y me disponía a entrar a una zona de 25 millas por hora. Justamente allí, detrás de un viejo remolque estaban dos agentes de la policía estatal con radar en mano multando a todo el que entraba a esa calle. Obviamente si conduzco a cincuenta millas, al entrar no reduzco automáticamente a 25 millas… pero así es la cosa.

Uno de los policías me ordena detenerme y entregarle la licencia de conducir y el permiso del vehículo. Cuando estoy en esa gestión me percato que el otro agente es un "amigo" de muchos años que conocía desde que él era adolescente. Cuando vio que era yo al que su compañero en forma abusiva y premeditada iba a multar me dio la espalda y se puso a hablar por su teléfono celular. En todo momento no se acercó a nosotros ni quiso mirar siquiera para donde se cometía la injusticia, sencillamente me ignoró.

Cuando recibí el boleto, me mantuve un rato acomodando los documentos y quise ver la reacción de mi "amigo" cuando se le reuniera su compañero. Comenzaron a hacer comentarios y a reír mientras detenían a otra víctima de la injusticia.

Regresé molesto a mi casa. No sé qué pasará la próxima vez que encuentre a ese "amigo" en mi camino. ¡Lo más probable es que venga con su cara alechugada a darme un abrazo! Pensé en lo que es la verdadera amistad, en lo que es un verdadero amigo.

Solía corregir a mis pequeños hijos cuando estaban en los grados primarios y regresaban de su primer día de clases. Ellos comenzaban a relatar anécdotas de su primer día y de los amigos que ya tenían. Yo les indicaba que eran compañeros de clase que pudieran llegar a ser sus amigos, pero que era prematuro saberlo.

Realmente vivimos en un mundo de deslealtades, en un mundo que los amigos lo son por conveniencia.

Muchas veces cuando más necesitamos los amigos no están ahí, porque no les conviene, porque no tienen nada que ganar, porque en nada abona estar allí en ese momento a sus propios intereses.

Hay un proverbio pueblerino que dice que "Amigo es un peso en bolsillo", pero creo que ni eso; te pueden asaltar por ese peso y hasta quitarte la vida.

Suponemos que un amigo nos tiene afecto personal, puro y desinteresado. Pero ¿dígame si es o no cierto que esa definición de amigo no es la realidad? Gente que te brinda su amistad desinteresadamente... ¡bah! ¡Si los encuentra muéstreme un espécimen en peligro de extinción! Realmente hay una despampanante y pasmosa realidad: **¡No hay amigos!**

— 14 —

¡Estoy harto!

¡Gritaré que estoy harto! Estoy hastiado de tolerar la hipocresía de los demás. Me siento empachado de la palabrería hueca que exhalan los cadáveres andantes de la tierra. ¡Cuánto farfullero madre del alma!

Estoy harto hasta lo insoportable por la fingida actuación de la humanidad. Este empalagamiento me causa vértigos del alma. ¡Cuánta palabra hueca! ¡Cuánta babosería! Escucho los políticos de mi tierra y me da náuseas. En las filas de los bancos y otros lugares públicos cotorras humanas balbucean palabras rumiadas por pasadas generaciones. Las veo mirar a la cara de los demás sorprendidas de lo que acaban de cacarear:

_ ¡Qué cosas he producido! Parecen decirse a sí mismas, esgrimiendo un narcisismo siquiátrico característico del hombre de nuestro tiempo.

Tengo la existencia indigestada tratando de engullir tanta charlatanería que se nos sirve en la mesa de la vida.

Estoy harto de los embelecos gestados en lo que llaman *mentes privilegiadas*. Mi padre con sobrada razón decía que esta humanidad "hace de cualquier *trapo* una *frisa*." _ "Les presento a nuestro muy querido Don Fulano de Tal, que es nuestro orgullo, y que para todos es un grandísimo placer tenerlo hoy entre nosotros, bla-bla-bla." Y todos aplauden. Ese espectáculo lo vemos a diario en nuestras reuniones y celebraciones. Meras palabras que el viento se lleva y que el presentado se las cree.

Sencillamente me va a explotar la panza de tanta cosa absurda. Se le quita a cualquiera el apetito después de estar expuesto a la bachata moral y cultural en que nos movemos. Es como caminar con hambre en medio de podredumbre y peste. Da la impresión de que esta hecatombe no tiene remedio. Estoy harto de las promesas de la gente: políticos y no políticos. ¡Cuántas falacias nos rascan el oído día a día y entran a nuestra vida sin que podamos vomitarlas!

¡Madre mía, que necesito un lavado gástrico de emergencia! No soporto más esta indigestión que se agrava día a día. Estoy harto… y la digestión se me ha paralizado. Pero, aunque no pueda echar fuera todo este cúmulo de cosas ingeridas por tan largo tiempo, por lo menos permítanme gritar con todas las fuerzas de mí ser: **¡Estoy harto!**

— 15 —

¡No entiendo las reglas!

¡Quiero gritar desde lo profundo de mi alma que no entiendo el proceder de esta enferma sociedad! ¡No entiendo las reglas por las que ha marchado la humanidad! ¿Quién las entiende? Los hombres han estado estableciendo reglas y normas hoy, para tirarlas mañana. Se establecen preceptos, estatutos, etc., para, supuestamente, ser practicados por el colectivo que las aprueba y las impone, pero los mismos que las establecen son los primeros en no acatarlas.

En la calle, los agentes del orden público, que "velan por ese orden", son los primeros en desobedecer las señales de tránsito. Los vemos a exceso de velocidad, no hacen señales para virar, dan los "cortes de pastelillo" que les da la gana, conducen por el paseo a altas velocidades, etc. ¡Pero ellos pueden; son la ley! ¡Eso me revienta! ¿Acaso no deben ser el ejemplo para la comunidad?

¡No entiendo las reglas! Los padres les dicen a sus hijos que no fumen, que el fumar hace daño; pero ellos fuman y los hijos los ven. He escuchado padres decirles una "palabrota" a sus hijos como reprimenda por haberlos escuchado hablar una palabra soez. Y luego piensan que sus hijos entienden las reglas.

¡Qué diferente sería este mundo si pudiéramos entender, enseñar y practicar las reglas que nosotros mismos establecemos! Pienso, a veces, que las reglas se han establecido para desafiarnos a desobedecerlas. Y después que alguien las desobedece le aplicamos las reglas que hemos establecido como castigo. Y, además, los que aplican el castigo sienten un oculto placer en su misión, pensando que por ser los "guardianes" de las reglas nunca se verán afectados por ellas.

Algo que me incita a gritar es la "evolución de la historia". Desde los años de María Castaña una civilización tras otra ha estado "actualizando" las reglas para acomodarlas a las preferencias de la sociedad de turno. ¿Cuáles eran las correctas, las antiguas o las nuevas? ¡Vaya usted a saber! ¿Lo entiende usted? Quiero confesar que yo no lo entiendo.

Recuerdo que los padres de la generación pasada les decían a sus hijos cuando los sermoneaban: _ ¡No me mires a la cara que eso es una falta de respeto! Sin embargo, esos mismos padres, cuando sus hijos miraban a otro lado mientras los sermoneaban, entonces les decían: _ ¡Pero mírame! ¿Quién te crees que eres? ¡Ay, madre mía! ¿Quién entiende las reglas?

Si usted entiende las reglas quiero felicitarle quienquiera que usted sea, porque, sin duda, aunque quizás nunca le conozca, es usted un campeón o una campeona. Entre tanto yo sigo gritando al infinito el grito de un alma desconcertada: **¡No entiendo las reglas!**

— 16 —

¡Quisiera confiar!

¡Quisiera confiar! ¡Se me hace difícil decir: confío! ¡Cuántas veces lo he intentado! A veces he depositado un secreto, una revelación, una confesión en manos que creía amigas, pero me han decepcionado. ¡Por eso, también gritaré!

Pienso que confiar un secreto nuestro a otro mortal es como darle una dinamita con la mecha encendida. Sin duda la tirará lo antes posible. Hay personas que sostienen en sus intestinos unas cuantas libras de estiércol por mucho tiempo, pero no sostienen una confidencia en su ser ni unos minutos; volteando uno la cara, agarran el teléfono y vomitan la razón que se ha puesto a su cuidado. ¡Quisiera confiar, pero no puedo!

¡Cuántas personas decepcionadas! Una vez intentaron confiar en alguien que pensaban no les fallaría, pero la indiscreción, el ego, la falta de seguridad, el deseo de ser importante o llamar la atención y cuántas otras cosas de la personalidad trunca de las gentes se imponen para echar fuera lo confiado.

A veces pienso que vale la pena intentar y volver a confiar. A veces creo que por alguna razón que desconozco las personas pueden haber sufrido una rara metamorfosis, una experiencia espiritual o algún otro cambio de parecer que me impele a poner a su cuidado algún "negocio" de mi existencia. Pero, pasando el tiempo, la vida me grita al oído que la humanidad no sana de esa indiscreción crónica que le aqueja.

En algunas ocasiones quisiera gritar con todas mis fuerzas que necesito ayuda para intentarlo nuevamente, pero la respuesta sería más decepcionante, porque, cuantos me he topado en el camino de la vida llevan en sus rostros las huellas de las inmisericordes decepciones de su existencia.

La falta de confianza en todos y por todos es algo que no tiene paralelos. Curas que bromean entre sí de las confesiones de sus devotos parroquianos; pastores que usan como ilustraciones o anécdotas en sus sermones las confidencias que sus feligreses han depositado en lo secreto de su oficina. ¡Esto es una epidemia, Padre amado! ¡No puedo confiar, aunque quisiera!

¡Si el cielo me diera un punto de apoyo para esforzarme y confiar! Pero leo lo que exclamó el insigne profeta Jeremías y me estremezco: "Maldito el varón que confía en el hombre..." ¡No quiero ser maldito! ¡No confiaré... pero quisiera! Tú lo sabes Soberano; es un dilema: **¡No confío, aunque quisiera confiar!**

— 17 —

¡Tanta hipocresía!

¡Tanta hipocresía, madre del alma! ¡Se me agotan las fuerzas para gritar! No soy experto en semántica, ni en lingüística, pero pienso que la hipocresía es el superlativo del fingimiento. ¡La mayoría de los seres humanos no son ni una jota de lo que aparentan ser! Vivimos en un mundo en el que los que ignoran la máscara de cada uno son los más desdichados de todos los humanos. Ellos mismos tienen una venda en la mirada de la vida que les impide ver la realidad que les rodea.

Veo las personas encopetadas que arrastran tras sí la tercera parte de las estrellas y me dan deseos de vomitar. Cuando esos linajudos levantan sus manos para saludar a las multitudes sufren una metamorfosis y se convierten en zorrillos desvergonzados. ¡Si los viéramos luego en su soledad! ¡Si los siguiéramos a sus sulfuradas guaridas! Cuando se encuentran con ellos mismos quisieran morirse; y como no tienen el valor de quitarse la vida, se embollan con cuanta basura encuentran, para enajenarse de sí mismos.

Desconozco si a todos los seres humanos les pasa lo que a mí: tengo un extraño don de sentir en lo profundo de mi ser las "vibraciones de la hipocresía". Cuando dialogo con alguien percibo en sus palabras y gestos el grado de hipocresía con que habla. Lo extraño del asunto es que son pocas las personas que abren su alma con sinceridad y humildad. ¿Por qué queremos aparentar ser lo que no somos?

¡Ayúdame, Dios amado, porque, a veces, deseo ser como los demás y jugar el juego de ellos! Se me hace difícil entrar en el juego de la sociedad, aunque puedo jugarlo. ¡Claro que puedo jugarlo! Sin embargo, cuando lo intento me apesta la vida.

Muchas veces, cuando comparto con gentes que pasan la vida emperifollados y comienzan a hablarme con mucha afectación y parsimonia, me vienen deseos de decirles: _ "¡Tranquilo, conmigo no tienes que disimular!" Pero trato de ser "respetuoso y comprensivo", para no bajarlos de la nube en que deambulan.

Me revienta cuando las personas comienzan a decir todas las buenas obras que hacen y la grandeza que ostentan entre las personas de su misma calaña; y a renglón seguido dicen: _ "Modestia aparte." ¡Hipócritas empedernidos, que se comen sus propios desperdicios sociales!

¡Ay, madre mía, si pudiera descifrar el misterio del orgullo! Los que estudian la conducta humana dicen que tenemos baja estima, que nos sentimos relegados por los demás, que arrastramos problemas de la infancia, etc. ¡Así despachamos la babosería de los más! Lo más agónico de todo es que la hipocresía pare todos los días, y sus hijas son más bellas y bien criadas. Y no hay anticonceptivos para ese mal… no los hay. Padre… **¡tanta hipocresía!**

— 18 —

¡Cuánto Orgullo!

Tengo que gritar la gran tontería del que es picado por la víbora de la jactancia y deambula hinchado por las calles de la pedantería. ¡Qué engañado vive el que nunca ha visitado a doña modestia en la casa de la humildad! ¡Cuánto orgullo, madre del alma!

Me enferman las personas engreídas que piensan que todos le creen sus pedantes arranques. Me da vértigos la vida cuando oigo el lenguaje farfullero de los presumidos. Estas personas vanidosas apestan; tienen en su existencia un tufo de afectación que las mantiene alejadas de la gente. No se me hace fácil pasar cerca de los que fantasean en su mundo de vanagloria y conduzco mi vida lo más lejos posible de la persona endiosada. ¡Cuánto orgullo!

Cuando escucho al que alardea por la más insignificante cosa de la vida, mi mente pone en acción los anticuerpos naturales contra esa anciana epidemia. ¿Por qué no soporto las ínfulas de grandeza de los pigmeos de esta vida? No alcanzo a saber la contestación, pero no me preocupa en absoluto saberlo. El orgullo es el producto de los complejos de una personalidad enferma. Son enfermos del alma.

Para el orgulloso, el sencillo es un zángano. ¡Si supieran! Cuando estaban repartiendo la humildad, la modestia y la naturalidad, estas personas estaban en la cola de la vida… y llegaron tarde. Sí, llegaron tarde, y no les tocó ni siquiera las sobras de estas virtudes. ¡Cuánto orgullo, Padre santo! La vanagloria de la vida es una de las tentaciones más atractivas para aquellos que no poseen la más mínima porción de vergüenza.

¡Cuánta paciencia se requiere para escuchar al infatuado que tiene ínfulas de grandeza! Observo, en algunas ocasiones, al que escucha atentamente al hinchado, se le hace difícil salir de ellos; se sienten atrapados como el insecto en la telaraña. Y, de veras, que tiene que salir un humano a su defensa y consecuente rescate, pues de lo contrario termina chupado por la vanidad del presumido.

¡La vida es sencilla, natural, hermosa! La persona orgullosa avergüenza y afea la vida. Y, sin aparente remedio, tengo que continuar gritando: **¡Cuánto orgullo!**

— 19 —

¡El mundo se muere!

Desde lo profundo de mi ser surge un grito ensordecedor: ¡El mundo se muere! La vida se va extinguiendo, languidece la humanidad, agoniza la creación… se cae en pedazos este sistema de cosas.

Poco a poco se va secando la gente ante sus propias consecuencias. Este mundo, que una vez tenía sentido, fallece sin pena ni gloria víctima de sus moradores. Me cuentan que, en un gran barco, donde trabajaban cientos de marinos, un marino que dormía en su camarote en horas de trabajo, recibió la terrible noticia de que el barco se estaba hundiendo. Cuentan que se volteó anestesiado por la morriña y dijo: "¡Déjalo que no es de nosotros!" De igual forma camina la humanidad hoy. El tiempo se acaba, los excesos de la humanidad apuran la cicuta que han creado y merecen.

Este viejo mundo perece sin remedio, sin posible corrección, sin planes de reparación… sin enmiendas satisfactorias. Pero, no se muere por viejo, se muere por su enfermedad, por sus achaques incurables, por dolencias crónicas; en fin, se muere de sufrimiento. ¡El mundo se muere!

¿Quién podrá hacer un responso por el mundo muerto? ¡Nadie! Todos nos vamos muriendo dentro de este viejo y pesado barco agrietado. La tierra aletea en todas partes. Este viejo barco zozobra en el mar de la indiferencia y el desgano. Sus luces se apagaron, sus aparatos de enviar un SOS están descompuestos, los botes salvavidas están podridos. No se vislumbra un milagro. La tempestad arrecia y el mar está cargado de furia. ¡Se hunde sin remedio! ¡El mundo se muere!

Cuando olfateamos la añeja atmósfera de este lúgubre mundo, exhala un tufo a podrido, a muerto, a cadáver descompuesto, al hermano de Marta y María cundo llegó Jesús. Pero nadie le dice: ¡Ven fuera! Nadie remueve la piedra de la desesperanza, nadie lo llora. Las lágrimas se secaron, hemos perdido la capacidad de sollozar, estamos endurecidos como la roca.

No habrá pompas fúnebres, ni flores. Los cirios se apagaron, las lloronas ya no se alquilan, sus lágrimas se secaron hace mucho tiempo. La carroza de estrellas que conduciría la momia anda errante por los cielos. Ahí está el cuerpo, ahí está el occiso, ahí está el mundo; sin remedio, sin medicina para su mal, sin enmiendas para sus desajustes, en fin, sin esperanza de resurrección. Lamentablemente tengo que gritar al infinito: **¡El mundo se muere!**

— 20 —

¡No soporto más!

¡No soporto más! ¿Oye mi grito el universo? Parece que llevo el mundo a mis espaldas. Me siento sucumbir ante el peso de la vida. La vida se vuelve una pesada carga cuando deja de tener algún sentido para el mortal. ¡No soporto las injusticias de la vida, ni las atrocidades de la gente, ni las desigualdades de este acomplejado mundo! Tampoco aguanto el maltrato hacia los más débiles e indefensos, hacia los resignados de la vida, hacia los de corazón apocado.

No puedo sufrir las injusticias de la justicia, las ganzúas de los que dominan, las ilegalidades de los que dirigen este sistema legal. Tampoco tolero que me corrija el desvergonzado, que me instruya el depravado, que me amenace el sinvergüenza. ¡No lo soporto más!

Me resisto a obedecer al corrupto que ostenta responsabilidades de estado, al deshonesto que dirige al pueblo, al podrido que se ha puesto para renovar la sociedad. A esos engreídos no los soporto, ni los soportaré.

No puedo tolerar al tonto "enchaquetado" que se desliza parsimonioso por la vida; tampoco al idiota que por medio de "palas" sube el escalón que no le corresponde justa y legalmente. ¡Desdichados, infelices, aquellos que soportan y sancionan esas estupideces de la sociedad! A lo menos, yo no soporto eso más. ¡Quien me diera gritar esto, que lo oiga el mundo entero!

¡No soporto más! No soporto al que ha estudiado psicología, supuestamente, para ayudar a las personas y resolver sus problemas personales y emocionales, y ellos mismos están cargados de complejos y trastornos que no han podido superar. ¡Eso no lo soporto! Tampoco puedo sufrir a los que pretenden dirigir y reformar la vida espiritual del pueblo y ellos mismos están intoxicados por sus propias iniquidades y faltas que no han podido confesar.

¿Quién soporta al cónyuge que con hipocresía, flores y zalamerías pretende ocultar la descarada infidelidad con que acornea a su pareja? ¿Quién puede soportar a los hijos que pasan los años lejos de sus padres, sin importarle su salud, sus necesidades, ni sus penas, y luego cuando reciben la noticia de que han fallecido les mandan a preparar la más grande de las coronas y lloran descaradamente sobre sus cadáveres? Díganme, por favor, ¿quién soporta eso? ¿Quién? Si alguna vez cometí el error de soportarlo ahora grito al infinito, para que me escuche el universo: **¡No soporto más!**

— 21 —

¡Quise ser!

Quiero, con todas las fuerzas de mi alma, decirle al mundo lo que quise ser. ¡Quise ser! Quise ser un Don Quijote e ir por la vida deshaciendo agravios, enderezando entuertos, enmendando sinrazones, mejorando los abusos y satisfaciendo deudas. ¡Lo intenté, pero no pude! ¡La vida continúa llena de agraviados, el mundo gime lastimeramente de tantos entuertos, la humanidad pierde la razón por la multitud de sus sinrazones, se cometen más abusos que nunca y la sociedad vive embrollada! Solamente quise ser... pero no pude.

Quise ser un Salomón e implementar sabiduría en cada situación que me enfrentara, tomar decisiones impactantes y dejar boquiabiertas a lar reinas de la vida. Lo intenté, pero no pude. Descubrí que torpe soy, cometo errores, hablo sandeces. Me percato que he tomado decisiones desastrosas y equivocadas y no logro llamar la atención de persona alguna. Solamente quise ser... pero no pude.

Quise ser un Robin Hood y despojar al que mucho tiene y darlo a los pobres, impartir justicia cuando no hay ninguna y armado de valor hacerme un héroe. Lo intenté, pero no pude. Las riquezas continúan mal distribuidas, la justicia ha sido desterrada al infinito y me siento frustrado por no alcanzar lo que anhelo. Solamente quise ser... pero no pude.

Quise ser un Francisco de Asís y hablarle al ferocísimo lobo que hay en el hombre para que se aplacara su furia, atender al desamparado y hacer de vez en cuando un milagro a un hijo de Dios que lo implorara; lo intenté, pero no pude. Hoy la descendencia del de Agubio es más grande y feroz que nunca, yo estoy desamparado e imploro un milagro. Solamente quise ser... pero no pude.

Quise ser un Jorge Washington y no mentir, luchar por la libertad de la conciencia, ser líder de mi nación por méritos propios y dejar una huella imborrable en la historia. Lo intenté... pero no pude. Vivo en un mundo de falsedades que me ha afectado malamente, la conciencia del hombre continúa esclavizada e hipotecada por los grandes intereses y a mí nadie me conoce ni se acuerdan quién soy. Solamente quise ser... pero no pude.

¡Quise ser! Quise ser un Cristóbal Colón y emprender una gloriosa gesta que transformara el mundo, descubrir lo desconocido y revelar su riqueza. Pero ¡ay de mí!, lo intenté... pero no pude. Mis barcas zozobraron en el océano de la incertidumbre, descubrí la insidia del humano corazón y se me ha revelado la pobreza de esta humanidad. Solamente quise ser... pero no pude.

Quise ser como el Maestro y llevar aliento al afligido, resucitar al hijo de la viuda de Naín, multiplicar los panes y los peces, decirle a Lázaro: ¡Ven fuera!, y... al final entregar mi vida por otros para redimirlos de sus penurias. Lo intenté... pero no pude. La humanidad sufre una crisis de desaliento, el hijo de la viuda yace putrefacto en la tumba de la desesperación, las multitudes mueren de hambre irremediablemente, la piedra de la tumba de Lázaro no ha sido removida y he llegado a la irresistible conclusión de que necesito un redentor para mi alma. Solamente quise ser... pero no pude. Sólo... **¡Quise ser!**

— 22 —

¡Se me olvidó!

¡Qué mente, Señor, qué mente! He olvidado tantas cosas que ya no recuerdo qué había olvidado. ¡Se me olvidó! Es el grito del alma que añora lo que debió haber sido y no fue. Se me olvidó qué era la **paz** en medio de un ambiente de tensión, guerras y desasosiego. Sé que eso que llaman paz debió haber reinado, pero se me olvidó qué era y sé que no ha reinado aún. ¡Esto También gritaré!

Se me olvidó qué significaba algo que llamaba **amor**. ¿Me pueden decir que es? Veo que en el mundo hay odio, rencores, rencillas, pleitos, etc... Me han dicho que esta tierra debe estar llena de amor, pero como se me olvidó qué era el amor, no sé si existe ya. Me han dicho que es algo que solía estar en la familia, entre vecinos y que unía pueblos, pero con la desintegración de las instituciones en este mundo en caos no sé si queda aún.

¡Creo que la memoria dejó de funcionar! En la nebulosa de mis recuerdos vaga algo que llamaban **esperanza** (Discúlpenme, creo que así se llamaba). Necesito un buen samaritano que por piedad me diga si eso existe. Vivía con la ilusión de alumbrar mi vida con esa virtud perdida en mis recuerdos… pero, se me olvidó. Deambulo por la vida preso de la desesperación, pues aguardo algo que no recuerdo, pues se ha perdido en la insondable fosa del olvido.

¡Se me olvidó! La amnesia ha minado mi camino y desconozco si voy o vengo. En el sótano de mis desentendidos pensamientos se anida un leve resplandor de algo que pienso debió haber sido maravilloso. Era una virtud monosílaba que sustentaba a los míseros y despreciables, Era algo así como: fu, o fa, o fu, o **fe**… ¡Se me olvidó! Las neblinas de mis recuerdos no me permiten ver con claridad algo que creo era esencial para la subsistencia humana. Pienso que esa facultad que no recuerdo era el arma más poderosa de la cual echaban mano aún los moribundos. Creo que la asociaban con alguna hortaliza: lechuga, mostaza, repollo, o algo así. ¡Se me olvidó!

Me cuentan que ese don olvidado sostenía a los débiles, consolaba a los enlutados, arrullaba a los huérfanos y daba descanso al desvalido. ¡Cuánto quisiera recordar lo que pudo haber sido y no fue! **¡Se me olvidó!**

— 23 —

¡Más olvidos!

¡Quiero gritar la desdicha de mi memoria! No vislumbro el fondo de mis recuerdos. Dicen que se puede ingerir vitaminas, jarabes, y remedios para mejorar la memoria. Sin embargo, no recuerdo qué brebajes son, pues mientras pasan los días lo único que recuerdo es que se me han olvidado las cosas. Cada día empeora mi memoria, sólo recuerdo más y más olvidos.

Acabo de escuchar a un paladín de la sociedad hablar de una virtud un tanto rara, habló de **honestidad**. Esa palabra me suena a algo así como santurronería, pero se me olvidó su significado. Pienso que debe ser una cualidad de algunas personas limpias, recatadas y decentes. Pero no estoy seguro, pues mi memoria está enjuta y sin fruto. ¿Qué es honestidad? ¿Dónde se encuentra? ¿Quién la posee? ¡Díganme, por favor!

Tengo la mente vacía, vacía como la tumba de Lázaro, Lázaro volvió a morir y retornó a llenar la tumba, pero mis recuerdos no retornan, son como la paloma de Noé. Se me olvidó cuándo nací. ¿Nací? No sé si vivo o estoy muerto. Sólo recuerdo que no recuerdo nada. La pizarra de la vida se ha borrado. La pluma con la cual mi mente garabateaba los recuerdos se quedó sin tinta. Lo que percibo son más y más olvidos.

Veo a un niño reír. Me parece que le hacen cosquillas. Tiene algo que deseo, que como luces intermitentes relampaguean en mi memoria. Una vez tuve ese algo que posee el niño… creo que le llamaban **alegría**, pero se me olvidó si en verdad es eso. Yo me siento taciturno, sombrío, desencantado. ¿Será hermoso sentir lo que el niño siente? Parece que sí. ¡Quién me diera que pudiera reír como ese niño! Sin embargo, no sé cómo se hace para tener algo que parece valioso y rejuvenecedor. Se me ha perdido la alegría en la jungla de mis remembranzas.

Mi pobreza mental supera a los que no tienen nada. Nada hay en el cofre de mis evocaciones. Evocaciones estériles como la higuera maldecida. Maldecida, sí, maldecida parece estar mi memoria para pagar la pena de mis desaciertos. Desaciertos del alma que por haberse desviado tras los fantasmas del ayer no atina a alcanzar nada del presente. Presente vacío, sin sentido, sin razón y miserable. Miserable, sí, así existo; gritando a los cuatro vientos mis desmemorias, porque lo que hay en mi ser son olvidos, olvidos y…**más olvidos.**

— 24 —

¡Si supieran!

Hablaré con voz de trueno lo que bulle en lo más profundo de mí ser. Gritaré lo que otros callan por temor a consecuencias. Clamaré lo que ocultamos, lo que encerramos en la caja fuerte de nuestra personalidad, lo que otros no saben, porque si lo supieran nuestro mundo se vendría abajo y quedaríamos desprovistos de ese ropaje ficticio exhibido en los escaparates de la isla de la fantasía; quedaríamos expuestos tal como somos. ¡Si supieran! Si supieran, nos bajarían del pedestal donde nos tienen trepados.

¡Qué mucho ignoramos! ¡Cuántas máscaras! En el mercado de la hipocresía se agotan los disfraces que todos compran a precio de quemazón. ¡Si supieran! Si supieran que ese ejecutivo que luce brillado, pulcro y radiante ante todos es un enfermo sexual que languidece tras la pantalla de su computadora y que duerme abrazado a sus revistas pornográficas. ¡Si los que lo rodean lo supieran! Pero no, no lo saben, porque él sale de casa con la careta de ejecutivo. Y sus conocidos lo elogian, lo admiran y lo alardean. ¡Si supieran!

¡Si supieran! Si superan que esa señora educada que apenas sale de casa cumpliendo con sus deberes de esposa, madre y líder de la comunidad, precisamente se enclaustra porque es una alcohólica crónica y pasa los días enajenada de la vida en medio de sus borracheras porque no tiene valor de enfrentar con sobriedad los problemas personales y familiares que la atormentan. Pero las otras señoronas, compañeras de sociedad, ignoran la otra vida de la señora y la señora desconoce que ellas también tienen su disfraz. ¡Si supieran!

¿Por qué nos dejamos enfocar por lo que vemos? Ya lo dijo el que lo sabe todo: "Porque el hombre mira lo que está delante de sus ojos." Pero, ¡si superan! Si tuviésemos la capacidad de conocer lo que lleva dentro cada persona, lo que piensa, lo que oculta. Si tuviésemos la capacidad de saber que ese guapetón de barrio no es más que un infeliz cobarde acomplejado que oculta sus frustraciones y fracasos con su aparente valentía. La realidad es que padece de ataques de pánico, se teme a sí mismo, y no soporta ver una cucaracha. ¡Si supieran! Si supieran que dentro de ese pecho hay un corazón ruin, amargado y envidioso de los verdaderamente valientes.

Si la sociedad supiera que el policía que sale en la mañana, escrupulosamente uniformado a proteger al ciudadano y a luchar por la ley y el orden es el mismo delincuente que en la noche asecha el vecindario. Escucho a muchos decir ufanos:

_ "¡Vivo en un vecindario seguro, mis vecinos son gente respetable!"

¡Si supieran! Si supieran que vivimos equivocados con la mayoría de los seres humanos. Muchas veces el comisionado de la policía es el descuartizador de Londres. Pero lo ignoramos porque pensamos que las personas son lo que aparentan ser. ¡Si supieran!

Si nos examinásemos tendríamos la sabiduría necesaria para entender, que somos un reflejo de la humanidad payasa. Nos *"camuflajeamos"* de lo que sabemos que no somos para aparentar lo que queremos ser y no podemos lograr. No queremos que sepan la verdad porque se desinfla el globo que hemos llenado con mentiras y falsedades. ¡Cuántas veces en nuestra introspección secreta temblamos con una terrible y espantosa realidad que nos acosa! Y al final de ese doloroso e intenso proceso lo único que podemos susurrar llenos de temor es: **¡Si supieran!**

— 25 —

¡En un minuto!

¡Qué inseguridad me rodea! Este sistema de cosas cambia en un minuto. ¡Cómo somos marcados en un minuto! En un minuto se va nuestra esperanza, en un minuto cambia todo nuestro futuro, en un minuto dejamos de ser... se va la vida. ¡Gritaré, también, esta verdad!

Un avión se estrella sobre una torre... un impacto de un minuto; el otro de igual forma en la otra torre, y el mundo cambió en un minuto. ¡Cuántas familias que tenían familiares allí se consternaron para siempre en un minuto! En un minuto se fue la vida, en un minuto la esperanza, en un minuto llegó el terror, en un minuto el caos ¡En un minuto!

¡Qué ilusos somos cuando pensamos en el futuro y no hacemos previsiones por lo que pueda pasar en un minuto! En un minuto llegó el accidente, en un minuto nos sentimos incapaces, heridos, y en un minuto se apaga la luz de la existencia. ¡Si pudiéramos vivir la vida de minuto en minuto! ¿Qué le diríamos al ser que amamos si supiéramos que sólo viviremos un minuto? ¿Cómo enfrentaríamos nuestra relación con Dios si supiéramos que en un minuto estaremos allá? ¡Qué trascendencia puede haber en un minuto!

La incertidumbre nos lleva de la mano. ¿Qué habrá al voltear la esquina? ¿Qué vendrá en un minuto? El salteador que asecha, el hueco que nos hará rodar, el auto defectuoso que estalla, el escape de gas que hace explotar el edificio... ¡En un minuto! ¿Quién puede decir que está seguro? ¡Nadie! Vivimos una vida que titubea a cada paso, pues no sabemos qué nos deparará el siguiente minuto de ella.

Los gobiernos no están firmes; en un minuto se desploman. El paladín está en cama, el cáncer se diagnosticó, voló la estabilidad que inspiraba el caudillo. ¿Y ahora, qué? Nadie sabe, en un minuto la perplejidad arropa al pueblo. ¡En un minuto! Los merodeadores del poder se despiertan en un minuto y el pueblo se lanza a las calles a reclamar lo que le han negado o lo que les dicen que reclamen. En un minuto el caos, en un minuto el fratricidio, la hecatombe. ¡En un minuto!

Las instituciones y empresas que parecen tener la estabilidad del Gibraltar en un minuto se derrumban. Se descubre el desfalco, los malos manejos, el descalabro económico, la histeria se apodera de los ejecutivos, la desgracia llegó... todo se viene abajo, como las torres... ¡En un minuto! Los padres de familia se desconciertan, si pierden el empleo, perderán la casa, o el auto o, quién sabe, hasta la vida, pues no tienen el coraje de enfrentar la desgracia en ese minuto.

Cuántas veces vimos el amigo, el vecino, o el familiar en aparente completa salud y en un minuto: la noticia... Un ataque fulminante, un derrame masivo, una embolia, o quién sabe qué otra cosa inesperada le cegó la vida... ¡en un minuto!

En un minuto la tristeza, en un minuto la crisis, en un minuto la incertidumbre, en un minuto la orfandad, en un minuto la viudez, en un minuto la soledad... **¡En un minuto!**

— 26 —

¡Qué agonía!

¿No te has dado cuenta de que nuestra existencia es una continua agonía para morir irremediablemente? Decía alguien en broma y en serio: "La agonía es lenta, pero la muerte es segura." ¡Qué agonía! ¡Gritaré mi agonía!

Agonizamos al nacer, agonizamos en la niñez, agonizamos en la adolescencia, agonizamos en la juventud, en la adultez y en la vejez, en fin, una continua agonía. ¡Cuántos niños agonizan en las incubadoras de los hospitales, en las chozas, en las selvas! ¡Cuántos jóvenes agonizan en las calles, en los hospitalillos, en los callejones sin salida de la vida! ¡Cuántos ancianos agonizan en sus excrementos, en sus recuerdos, en su soledad! ¡Qué agonía!

¡Qué agonía la de la niña violada por su padre! ¡Qué agonía la del niño abusado por el abuelo! ¡Qué agonía la de la mujer que sabe de la infidelidad del esposo y prefiere callar, sufrir en silencio, gemir en su soledad!

¡Qué agonía la del niño que ve a su padre maltratar a su madre y él indefenso sueña con el día de tener la estatura del que lo engendró para algún día salir en defensa de la que lo arrulla! ¡Qué agonía!

La agonía precede a la muerte. Antes de la muerte, la vida; después de la agonía, la muerte. ¡Cuántos mullen sus camas esperando que ella llegue para despedirse de su agonía! ¡Cuántos enfermos de diferentes causas se consuelan al saber que en breve llegará el fin y cesará su agonía! ¡Cuántos ancianos hablan con su amiga soledad mientras aguardan la posibilidad de no pasar un día más en la espera! Espera amarga que parece no concluir cuando los rayos del sol vuelven a salir como lanzas detrás de esa fatídica ventana. ¡Qué agonía!

¡Qué agonía la de la soltera que cuenta los días de soledad como verdugos que la sujetan a su amarga virginidad! En su desconsuelo se torna gruñona e iracunda… ¿por qué otras sí y yo no? ¡Qué agonía!

¡Qué agonía la de la madre que vive sola con sus hijos y estos están disolutos, descarriados y delincuentes! Agoniza en las noches de vigilia, cuando moja la almohada con sus lágrimas, llena de ansiedad por las malas noticias que de seguro llegarán como la mañana que se avecina. ¡Quisiera mejor morir que continuar esa agonía, pero ella no la llamó, llegó sola, para acompañarla, para abrirle las puertas de la helada casa donde no hay sufrimientos! **¡Qué agonía!**

— 27 —

¡Quiero despertar!

Don Pedro Calderón de la Barca puso en boca de Segismundo, uno de los personajes de su obra La Vida es Sueño, lo siguiente: "Yo sueño que estoy aquí de estas prisiones cargado, y soñé que en otro estado más lisonjero me vi. ¿Qué es la vida? Un frenesí. ¿Qué es la vida? Una ilusión, una sombra, una ficción, y el mayor bien es pequeño; que toda la vida es sueño, y los sueños, sueños son." Ante esa afirmación del escritor, yo grito con todas las fuerzas de mi alma: ¡Quiero despertar!

Quiero echar lejos de mí las cobijas de ilusión que me mantienen afiebrado en el lecho de la vida. Quiero despejar mi ser de la morriña deliriosa en que deambulo en esta eterna mañana que llaman vida. ¡Quiero despertar! Sí, quiero escapar del espejismo fantasioso de la existencia terrenal.

¡Cuántos se revuelcan en la cama de su subsistencia, amodorrados por las lisonjas de otros dormilones ilusos! Detesto los que van por el camino de la vida roncando sus idioteces y matando quimeras con el hedor de su aliento. ¡Qué jornada la de aquellos que merodean por las estrechas calles de las siembras ajenas tratando de arrancar la poca paz que disfrutan en su desdichada travesía! Mejor es despertar a la realidad de la existencia, donde no hay ilusiones, espejismos, ni engaños, sino la perenne verdad que no conocemos, pero que es la verdadera vida que anhelamos. ¡Quiero despertar!

¡Qué delirio, Señor, el que sufrimos! Es una intoxicación con ofuscación y locura. Soñamos que somos ricos, portentosos e importantes. Soñamos que somos dueños de las cosas que nos tienen; y que todo es realidad en el mundo que vivimos. Soñamos que amamos, que nos interesa el prójimo, que ayudamos al desvalido, que nos hemos ganado el cielo. Pero no despertamos de la borrachera de la noche que nos ha embriagado con su oscuridad. ¡Quiero despertar!

¡Quiero gritar al mundo que despierte del sueño! ¡Cuántos enfermos prefieren permanecer aferrados a sus largas pesadillas en vez de escuchar la alarma del reloj que los despertará a la verdadera salud que han añorado! ¡Cuántos desposeídos descansan en las hamacas de la haraganería soñando con lo que nunca tendrán! ¡Que despierten! Que se levanten de su pereza y se laven la cara con las aguas cristalinas de la realidad y podrán ver el entorno artificioso en que yacen.

¡Quiero despertar, aunque nadie me acompañe! No quiero pasar mi jornada acompañado de lirones y marmotas. Quiero alzar mi voz como el Bautista en el desierto y despertar esta generación de víboras. De lo contrario, continuaré intentando despertar hasta la maravillosa mañana que escuche el dulce cantar de los pajarillos por la ventana de la realidad. Si me entretengo en la alcoba de mis ilusiones, sáquenme un grito, por favor… **¡quiero despertar!**

— 28 —

¡No admito consuelo!

Alzaré mi voz a la expansión y exhalaré el grito inconfundible de los desconsolados. Rechazaré todo vano intento de traer alivio a mi mal. Mi enfermedad no admite cura. Mi sed no puede saciarse ni siquiera en el océano de la buena voluntad. Me resisto a empinar la copa de la resignación que desean muchos que beba. ¡No admito consuelo!

Mis alocados cercanos me quieren endilgar mil quitapesares. Los que aparente y alegadamente me aman desean inyectar la anestesia del *"duermetenene"* de la vida; pero no soportaré ni un segundo que me impidan saborear el dolor de mi existencia, la amargura de mi quebranto, y menos aún, el dolor de saberse presente en un mundo en caos. ¡No admito, ni admitiré consuelo!

Objeto todo paliativo que intente calmar las aguas de mi vida en tempestad. Yo mismo soy un mar embravecido que rompe con su furia los diques artificiosos de esta sociedad podrida. ¡No hay bálsamo para mi aflicción... no lo hay! Lo que esta humanidad decadente recibe y administra son placebos de segunda mano y con ellos pretende aliviar el dolor de los que proclaman su asombrosa impotencia. ¡No admito consuelo!

No soporto la mano fría del payaso que pretende ensayar en mi calamidad su necio espectáculo. ¡Que se vaya al infierno con esa careta pintada con los colores de la hipocresía! Prefiero digerir sobriamente mi pan de cada día, que me es servido por esta sociedad carcomida, en bandeja de dolor. ¡Cuánta amargura he apurado en el cáliz de mi tormentosa existencia! La fiebre que me acompaña por las veredas de la agonía es indicio de ese algo enfermo de mi ser... pero me he acostumbrado a ese agudo delirio que me mantiene fortalecido mientras doy mi grito en la soledad insondable.

Si admitiera ser consolado, seguro que habría un buen samaritano que lo intentaría, pero no quiero. ¿Quién tendrá la osadía de irrumpir en mi maltrecha estancia para aliviar las penas de mi alma? ¡Nadie! ¡Cuántas veces he escuchado las interminables letanías de pájaros ponzoñosos que intentan con su aguijón escondido adormecer al que yace agobiado tendido en la estera de la desesperación! Sólo esperan el momento oportuno para llevar a sus entrañas la poción tranquilizadora, ese veneno maldito que lo sumirá en la oscuridad irremediablemente. ¡Prefiero gritar desconsolado, que dormir la siesta de la ignorancia! Quiero proseguir mi dantesca cruzada, con el dolor a cuestas, cabalgando en las alas del viento… saboreando el elixir de una sociedad enferma, que no admite parches, ni cirugías, ni remedios. **¡No admito consuelo!**

PARTE II
Las urgencias del alma

— 1 —

¡Necesito ser sanado!

¡Grito al infinito mi postración! ¡Proclamo mi penosa enfermedad hasta vislumbrar un remedio! Me asombro de mí mismo. He llegado a una desdichada encrucijada que me obliga a reconocer mi arrastrada decisión: ¡Necesito ser sanado!

Pienso en un posible estado de insensibilidad que me prive de la capacidad de sentirme quebrantado. No sé si eso es ser sanado. "Dichoso el árbol que es apenas sensitivo, y más la roca dura, porque esa ya no siente…" ¡Si pudiera cuestionar a Rubén sobre lo que verdaderamente sintió al escribir sus versos! Mi condición es lamentable, el dolor insostenible, mi agonía desesperante. ¡Necesito ser sanado!

Reconocer mi difícil situación ha sido una agonía para mí. Soy parte de una sociedad moribunda, la sociedad es parte de mí… yo soy la sociedad enferma. ¡Cuánto deseo gritar la amargura que me embarga!

¡Estoy enfermo… lo reconozco; y necesito ser sanado! ¡Un doctor, por favor! ¿Hay algún doctor entre los presentes? ¡Necesito ser sanado!

Este valle de lágrimas donde vivimos se ha convertido en una gran sala de urgencias. Estoy alucinando. Veo un mundo comatoso que vomita valores y convicciones, pues no los tolera en su interior. No hay practicantes, ni auxiliares que le brinden ayuda; la vida se escapa como el agua entre las manos. ¡No hay esperanza para el paciente! Yo también muero a su lado, sin medicina, sin remedios, sin apoyo; pero un hilo de vida me sostiene, un chispazo de energía me ata a la existencia: ¡Necesito ser sanado!

¡No tengo mejoría! No hay médico que dé con mi causa, ni especialista que haga un diagnóstico acertado. Los que me han visto languidecer pasan de largo, ni siquiera me miran; y yo desespero en mi postrimería, pues mi grito no logra encontrar eco en lugar alguno. Necesito ser sanado pronto, de lo contrario, pasaré a la otra orilla sin pena ni gloria; y en la otra orilla no hay motivo para gritar nuestros desvaríos. Entre tanto, mientras esté en este lado del juego continuaré gritando al infinito: **¡Necesito ser sanado!**

— 2 —

¡Una lágrima, por favor!

A causa de mi dolor mi vigor se va secando. Deambulo por las oportunidades perdidas de la vida como un muerto. Mis pasos no dejan huellas en el camino polvoriento de la memoria. Mi garganta está dormida en medio de la profunda oscuridad del pensamiento, no puedo pronunciar palabra... sólo grito, es el lenguaje del alma. Mis ojos, perdidos en la inmensidad de lo inalcanzable, no logran ver un oasis, la sequía impera en mi mundo. Paso, como ave migratoria, por el desierto de la soledad sin fin. Ni un espejismo a la distancia, todo es arena, roca, huesos secos, y nada más.

Postrado en las arenas de mis remordimientos llega un profundo deseo de sentir, de pensar, de algo que escapa a mi insensible situación... de llorar; pero no hay oasis, no hay manantiales... no hay lágrimas. En ese instante trato de levantarme y elevar la voz al infinito. Apenas un gemido se oye en el litoral rocoso que se cuela entre zarzas y huesos: ¡Una lágrima, por favor! No hay eco, el vacío impera, el sequedal.

¿Cuánto cuesta una lágrima? ¡No sé! Creo que no están a la venta, por lo que los economistas no han calculado su valor. En este lado de la existencia escasean las lágrimas. Hay un mundo insensible y borrascoso, donde los seres no fluyen cosa alguna, ni siquiera una lágrima. ¡Si pudiera llorar, madre del alma!

¡Una lágrima, por favor! Cual pordiosero solitario, vago suplicante en medio de un mundo tostado por la maldad. ¡Una lágrima, por favor! Soy mendigo de vocación. Me arrastro por las torcidas calles de la mediocridad implorando el producto de un gimoteo, de un leve suspiro, de un ¡ay! que no aparece. Los que pasan por la esquina del dolor no se percatan de mi presencia. ¡Una lágrima, por favor! Mi grito se pierde en los recovecos del egoísmo. Soy un fantasma, un espantajo donde los pájaros comen lo arrebatado. Aunque grito, no estoy para los transeúntes de la calle injusta.

Mi existencia es como un tiesto, clamo como la tierra en el verano, como el ciervo en el desierto. ¡Tantas lágrimas perdidas, tantos sollozos que caen a tierra y se esfuman en los cofres del olvido…y yo aquí, aquí consumiéndome en la sequía de mi lamento! **¡Una lágrima, por favor!**

— 3 —

¡Lágrimas que nadie ve!

¡Gritaré por los que lloran! Alzaré la voz por los que desahogan sus sufrimientos en los oscuros rincones de sus chozas y por los que suspiran sus tragedias en las mullidas alfombras de las grandes mansiones. Por la mujer que condimenta el alimento que prepara con las gotas de oro que se deslizan por sus mejillas y por el anciano que en soledad hace llegar al polvo de la tierra la triste historia que destilan sus desgastados ojos.

¡Soy un río que nunca ha visto el sol! Vago silente por las profundidades de la tierra, me deslizo sigiloso por los parajes solitarios de un abismo insondable. Siento un fluir intenso y constante en mi ser. Es el fluir del sufrimiento, de la amargura, de una angustia inmensurable que me va extenuando progresivamente. Es como una hemorragia interna que acaba la existencia, como un conducto roto en las profundidades de mar. Todo ese caudal de pesadumbre, adversidades y dolores, fluye inadvertido por los recovecos de mi alma mustia.

Son los espesos raudales de mi agonía, los momentos en el desierto, los parlamentos sin audiencia, los gritos sin eco. ¡Lágrimas que nadie ve!

¡Sólo yo las puedo presentir! Sin embargo, nadie las percibe, todos las ignoran, están ocultas a una humanidad insensible. Mi lamento es imperceptible y mi dolor inmensurable. A veces me ahogo en mi secreto llorar y pierdo el rumbo en medio de un torbellino de suspiros. Pero es algo que una sociedad de piedra no puede notar, pasa inadvertido para los zombis de este presente siglo. Nadie puede advertir mi padecer, pues para verlo habría que entrar a la habitación de mis amargos secretos. Allí, en ese santuario de penas, nadie entra, nadie hace plegarias, nadie pregunta, nadie enciende una vela. En ese tabernáculo angustioso, está un alma arropada por el dolor; sí, sollozando sus tragedias, derramando en gotas su aflicción. ¡Lágrimas que nadie ve!

¡Mi lamento no tiene fin! Mi padecer se extiende al infinito, mi río no encuentra su mar. Tengo una existencia pantanosa, siempre enchumbada por mi continuo gemir. La agonía que me embarga sirve de camuflaje a mi existencia. Mi dolor se abastece con lágrimas de mis ojos, por ello nadie las ve. Las grandes sábanas de la recámara de mi sufrir han secado los manantiales que brotan de mis ojos. Por ello son ignoradas, por ello pasan inadvertidas. Son... ¡lágrimas que nadie ve!

¡Todos se equivocan conmigo! Nadie me ha visto llorar en este mundo indiferente. Las arrugas que han surgido por el sufrir constante son las únicas que cuentan las incontables lágrimas de mi sufrir. ¡Son lágrimas de un solitario en agonía! Ningún médico ha visto mis heridas sangrantes, pero ellas continúan abiertas. ¿Quién me va a ver llorar si todos han sido cegados por su egoísmo banal? ¡Cada quién ve lo que quiere! Por eso nadie ve mis lágrimas, para nadie tienen valor. ¡Sólo yo sé de mi angustia, me va a estallar el corazón! Pero para todos soy feliz, vivo bien, no me debo quejar. Sin embargo, están aquí, en mi existir, en mi vagar... en mi dolor. **¡Lágrimas que nadie ve!**

— 4 —

¡Me resigno!

Se me está haciendo insoportable gritar lo que bulle dentro de mí ser. Creo que aceptaré las circunstancias; creo que me conformaré con mis adversidades y abrazaré mi tragedia. ¡Me resigno! Me resignaré a creer que la esperanza está perdida, que mi causa no tiene valor alguno, en fin, que no tiene caso esta lucha. ¡Me resigno!

Me encogeré de hombros y pasaré la página que me ha tocado protagonizar de la mano del dolor y seguiré enfrentando lo que venga. ¡Me resigno! No pelearé más, daré por concluido el combate, colgaré los guantes y me dejaré llevar por la corriente masoquista de la humanidad. No me esforzaré más por enfrentar con valor la adversidad, no contiendo más, ¡no, no vale la pena! ¡Me resigno!

¡Besaré el azote y le susurraré elogios! ¡Me resigno! No puedo continuar esta desigual guerra contra el mundo. Estoy solo en esta gesta que he emprendido y declino la invitación a proseguir en el ruedo. Estoy maltrecho, los golpes han sido crueles, las fuerzas me abandonan y la esperanza ha escapado como sabandija que huye del fuego. ¡Me resigno!

¡Renuncio! ¡Ya no puedo más con esta pesada tarea que la vida me ha impuesto! ¡La tiro finalmente en el abismo del fracaso! ¡Cuánta frustración, madre del alma! ¡Me resigno! Ya no correré más tras los espejismos de este desierto mundo, ¡ya no! Me aquietaré en la alcoba de la resignación, me revolcaré en la estera de la vagancia crónica, imitaré al perezoso, seré su aliado. Acallaré, de una vez por todas, mi inefectivo gritar al infinito y si me diere jaqueca de volver, me ataré al mástil de mi tragedia para no obedecer los cantos de sirena de la humanidad caída. ¡Me resigno!

¡Me retiro! Daré marcha atrás en la vertiginosa autopista del tiempo. Retrocederé, aunque me estrelle contra las realidades de mis decisiones. ¡Cuántas batallas inútiles! ¡Cuántas noches de vigilia sobre la trinchera aguardando para encestar el golpe final que me daría la victoria! Pero, ese golpe nunca se dio, ese asalto final estaba sólo en las fantasías de mi memoria. ¡Me resigno! ¡No más camuflaje, no más estrategias, no más armas secretas! Camino cabizbajo por el sendero que conduce a la inacción. **¡Me resigno!**

— 5 —

¡Antófagos!

¡Tengo ganas de gritar con las pocas fuerzas que me asisten! Mi voz entrecortada no se escuchará lejos, pero lo gritaré de todos modos..., ¡Antófagos! ¡Ay, madre mía, que tan sólo fue un sollozo!

¡Qué dulce melodía se escucha en la inmensidad cuando somos alagados! Veo reír al adulado creyendo cierto todo lo que el hablador acaba de vomitar en su homenaje.

_ "Para mí es un inmenso placer poder expresar unas sencillas palabras acerca del amigo entrañable que esta noche recibe nuestro merecidísimo reconocimiento." Y en la silla, preparada para la ocasión, el antófago sonríe mientras los demás aplauden.

¡Tanta ilusión, madre del alma! ¡Cuántos hay que vagan por la vida mendigando alguna flor que alimente su ego! ¡Aunque sea robada de la corona de un muerto, no importa!

Conozco aduladores que tienen plantíos de flores venenosas sembradas en los estercoleros de su personalidad marchita. ¡Y qué hermosas se ven! Pero son puro veneno para el que las ingiere mescladas con el elixir de la adulación mal intencionada. Vivimos en una generación antófaga. Vivimos en un mustio vergel lleno de añoranzas de un pasado florido.

Nos gustan las flores. No importa si son de papel, de plástico, de tela... no importa, después que sean flores nos agradan. Esta sociedad está acartonada y el hombre muere por falta de flores frescas. ¡No comprendo por qué hay seres que subsisten gracias a alguna flor que reciben por cualquiera, en alguna parte! Languidecemos en una sociedad ajada incapaz de producir flores genuinas, naturales, que crezcan en los verdes prados de un corazón sincero. Sin embargo, nos conformamos con flores artificiales, producidas en las fábricas ruidosas de una humanidad hipócrita.

En cierta ocasión una muchacha quería estacionar su vehículo en una rampa usada para dejar y recoger feligreses. Según ella era necesario estacionarse allí porque debía bajar un teclado y luego volverlo a subir. Le dije que otros vehículos debían usar la rampa también y no podrían si ella dejaba allí su vehículo. Pensando que me embriagaría con su palabrería me dijo: _" Yo hago lo que usted diga; usted es el jefe." Inmediatamente respondí: _ "Pues, ni en casa yo soy el jefe; estaciónelo fuera de la rampa." Su intención de decir que yo era el jefe fue premeditada, pensó que con ese título me alagaría y lograría su objetivo. Ella sabía que vivimos en una sociedad antófaga y quería manipularme con una "flor" … pero yo lo sabía también.

Cuando estoy en actividades de reconocimientos y homenajes, voy preparado para escuchar las cosas más ridículas e hipócritas habidas y por haber. Sin embargo, cuando comienza el espectáculo, me cuesta trabajo mantener la calma, pues no soporto la tentación de gritar con todas las fuerzas de mi alma: _ **"¡Antófagos!"**

— 6 —

¡Es una pesadilla!

Gritaré a voz en cuello la pesadilla que me atormenta. Estar en esta tierra se está tornando insoportable. Lo que a diario enfrentamos nos mantiene atolondrados. No sabemos qué sucederá más adelante, tenemos la vida pendiendo de un hilo, todo se ha tornado oscuro. ¡Es una pesadilla!

La opresión de la existencia se une a la congoja de la ignorancia. Desconozco lo que realmente sucede, pero creí soñar. Creí soñar, hasta experimentar el horror de una realidad pasmosa, estoy despierto. ¿Qué dije? ¿Despierto? No, tampoco estoy despierto, realmente duermo recostado en la desesperación y el terror me sirve de almohada. ¡Es una pesadilla!

Es la pesadilla de existir, de estar en esta tierra, de saberse indefenso y desprovisto. Desprovisto de paz, de gozo, de esperanza; desprovisto de todo. En ocasiones creo que es una alucinación, un espejismo o una visión apocalíptica. Pero, no es nada de eso, es un trastorno del sueño, una angustia insoportable, es una pesadilla.

Voy por el camino solitario de la existencia, delante de mi va la humanidad, estoy indefenso, ha caído sobre mí el fantasma del temor y del espanto; llamo y todos siguen el viaje, llamo y no me responden; soy un fantasma, ni me ven ni me oyen. ¡Me parece revivir los malos sueños de mi niñez! ¡Es una pesadilla!

Sigo mi peregrinar por los senderos escabrosos de una realidad desastrosa. Trato de pasar al otro lado, donde hay un poco de luz, pero no hay camino, no hay paso, el terror está allí, junto al fracaso, y no puedo pasar, ni siquiera moverme. ¡Es una pesadilla!

Veo el trágico morir de criaturas inocentes, escucho el gemir de mi madre en una confusa escena, y yo, sólo miro. Alguien grita por ayuda, todos pasan; sordos, ciegos y mudos. El crimen es consumado, la masacre queda expuesta. Nadie vio, ni escuchó, ni dijo nada. ¡Es una pesadilla!

¡Quiero gritar, pero me faltan las fuerzas! Estoy en la sala de operaciones de la vida. Un ser infernal tiene el bisturí en las manos. Hace una abertura en el vientre de algo que parece ser una mujer de piedra. Le extrae un ser vivo, lo ahoga con sus propias manos y exclama: _ "¡Está muerto!" Veo todo como a través de un cristal de incredulidad. **¡Es una pesadilla!**

— 7 —

¡No creo en el sistema!

¡Quiero gritar por las víctimas inocentes de este podrido sistema de cosas! ¡No creo en el sistema! ¿Quién cree? Creen los que, como el sistema, hieden ya. Creen los que se lucran de la lujuria moral de un sistema corrompido. Creen las momias vivientes que cual parásitos se mantienen chupando la fétida vergüenza de un sistema insepulto. ¡No creo en el sistema!

Un auto se desplaza por la vía tortuosa de un mundo inservible. Otro auto le rebaza como alma que lleva el diablo. Unos instantes después los que debieran velar por la ley y el orden detienen al conductor del auto que se desplaza cumpliendo las reglas del sistema. Los gendarmes le informan al conductor que va a exceso de velocidad por los caminos de la vida. Le expiden un boleto, y con la satisfacción de la mala entrañita le dicen: _ "Tiene derecho a una revisión." Y continúan su camino como ánimas en pena, buscando a otro "violador del sistema" para aplicarle las reglas. ¡No creo en el sistema!

Tenemos un sistema corrupto, amañado, deshonesto. El sistema está diseñado para servir a un selecto grupo de almas disolutas. El sistema exhala un hedor contaminante. ¡No creo en el sistema! Los que están en la cúpula de este régimen putrefacto se revuelcan en los excrementos de sus propias acciones. El sistema traga. Traga a todo incauto que se sumerge en él buscando chupar el elixir venenoso y soporífico que enajena.

¡No creo en este gobierno desconcertante! ¡No creo en este sistema arrogante y excluyente! ¡No creo en el sistema! La administración se administra a sí misma y recicla su malsana alevosía por siempre. No importa quienes administren este torbellino borrascoso el resultado será el mismo. Todos son engullidos por el sumidero de la desidia y la mañosería. La jefatura podrida que maneja el sistema tiene en sus entrañas el gusano de la maldad. ¡No se puede creer en este sistema carcomido por la avaricia y la glotonería! ¡No creo en el sistema!

¡Si pudiera darle un apretón de manos al honorable fulano de tal, a ver si me ayuda! Así piensa el que mendiga un empleo, el que necesita una ayuda, el que le han desconectado la energía eléctrica, el que carece de los recursos para comprar la medicina que le han recetado. Lo espera en la esquina de la frustración, frente al negocio cerrado. Llega el honorable, le da el apretón de mano, y con una palmadita le susurra: ¡Tu caso va caminando! El pobre se mira la mano que le dio al idiota, y se cuenta los dedos. ¡Pensó que le pudo haber robado uno! Y se va calle abajo echando pestes del maldito sistema.

¡Cuántos ingenuos mendigan las migajas que caen de las mesas de los señores del sistema! Son muchos los que se arrastran miserablemente detrás de estos hipócritas que prometen dejar caer algo de lo que les sobra después que ellos se hayan saciado. El dominio de la cosa pública por algunos bribones engreídos es como el borracho que conduce a velocidad excesiva. Son un verdadero peligro en este mundo putrefacto. **¡No creo en el sistema!**

— 8 —

¡No hay solución!

Gritaré desilusionado la agonía del que espera que su situación tenga remedio. ¡No hay solución! El desenlace que esperaba fue asaltado en el camino por los ladrones que comanda la desesperación. El resultado no pudo llegar, ni llegará. ¡No hay solución!

¡Cuántos son sostenidos por esperanzas ilusorias que no aceleran lo deseado! ¡Son muchos los que añoramos la solución que no llega! Que no llega, porque está sellada a la patente incredulidad que nos bloquea. ¡Si pudiéramos ver más allá de lo evidente! Pero no vemos, porque sencillamente tenemos nublada la vista por la catarata de la duda. ¡No hay solución!

¡Qué desesperante es la espera de lo incierto! Esperamos tener alguna opción en el juego de la vida, pero los bolos suben y bajan y nuestros números nunca aparecen. ¡Ni siquiera recibimos una aproximación!

¡No vemos ni siquiera la alternativa de un reintegro; y no la vemos, ni la veremos, ¡porque no hay solución!

¡Qué vuelco nos da el corazón cuando doblamos la esquina de la transitada avenida de la desesperanza y encontramos el macabro aviso: "calle sin salida"! Sí, sin salida; porque toda salida se ha cerrado, porque toda puerta está condenada, porque todo pasadizo está bloqueado, porque no hay solución.

¡No hay solución y nunca la habrá! Nunca llegaremos a tan esperado desenlace de la intrincada madeja de la vida. ¡Ay del anciano que languidece en su mugroso lecho con los ojos lagañosos, porque las lágrimas se han petrificado esperando la solución que nunca llega! ¡Cuántas veces los engañamos! Les decimos que todo estará bien, que su situación se resolverá, que el hijo que espera llegará, que la hija que no aparece pronto se presentará, que la ayuda que solicitó se la darán. Pero sabemos que son meras palabras, son las ampolletas que sedarán el dolor de la espera sin sentido, de la solución irresoluble. Pero el anciano también sabe que lo mecemos, que en realidad no hay solución.

¡Si pudiera aferrarme a una confianza ciega de que, en alguna parte, de algún momento, de cualquier día, hay alguna posibilidad de solucionar los enigmas de la existencia! Pero estoy pasmado mirando el farallón del escepticismo, estoy inerte ante el abismo del no sé qué... **¡No hay solución!**

— 9 —

¡Nadie escucha!

¡Te invito a gritar con la multitud de los que nadie escucha! ¿Por qué será que vivimos en un mundo sordo? ¡Nadie escucha! No importa de dónde, ni cuándo, ni de quién vengan los gritos, nadie escucha. Vivimos entre una humanidad sorda. Sólo nos escuchamos a nosotros mismos. ¡Qué melodiosa es nuestra voz! No importa el timbre, ni la melodía, ni el mensaje; es en vano... ¡Nade escucha!

¿Quién atiende al que gime y da gritos de dolor en el lecho de su enfermedad? ¡Nadie! ¿Quién se entera de ese niño que grita porque es abusado y maltratado en el mismo seno familiar donde nació? ¡Nadie! ¿Quién da oídos al clamor de la mujer que es atropellada y vejada por el verdugo que una vez prometió amarla y protegerla? ¡Nadie! ¿Quién atiende al infeliz que grita tras las rejas de una prisión donde paga por el crimen que no cometió? ¡Nadie! Porque nadie escucha, todos padecemos la sordera de la indiferencia, todos tenemos los oídos cauterizados. ¡Nadie escucha!

¡Si alguien escuchara el grito del alma! La humanidad no percibe el grito de los desamparados. Vivimos en una sociedad sorda, en una sociedad dormida, en una sociedad de piedra. El padre no escucha al hijo, ni el hijo escucha al padre. La esposa no oye a su esposo, ni el esposo a su esposa. El pueblo no presta oídos a sus líderes, y los líderes menos al pueblo. El líder religioso no oye el clamor de las gentes, ni las multitudes escuchan a lo que enseñan los religiosos. En fin, nadie escucha a nadie. Todos vagamos en una soledad sin rumbo, sin dirección, sin señales para el camino.

Mi alma grita como el patriarca del dolor: _ *"¡Quién diese ahora que mis palabras fuesen escritas! ¡Quién diese que se escribieran en un libro!"* Él, al igual que yo, sabía que nadie escucha y abrigaba la esperanza que esas palabras no se perdieran. Escuchar es una arte perdido, una virtud extraviada. ¡Pobres de aquellos que pagan para que alguien los escuche! ¡Cuántos van al loquero del condominio alfombrado y le pagan grandes sumas para que los escuchen! Lo que no saben estos "pacientitos" es que el loquero no tiene quién le escuche y daría cualquier cosa por sentarse en el diván para que el cliente escuche la tragedia que lleva en su interior.

Si algún día pasa cerca de tu vecino, le das los buenos días y no te responde, … ¡no te sientas mal! Si en alguna ocasión llegas a una oficina y saludas y nadie te responde… ¡despreocúpate! Si al llegar a la iglesia bendices a todos y nadie te bendice… ¡paz! Si al pasar ves a las gentes como autómatas, que ni te ven ni te saludan, ¡tranquilo! No es que alguien está enojado contigo, ni te tienen mala voluntad, ni les debes y no les pagas, ¡No! Sencillamente es que… **¡nadie escucha!**

— 10 —

¿Qué habrá al otro lado?

¡Gritaré con las pocas fuerzas que languidecen en mí, la agonía de conocer lo desconocido! ¿Qué habrá al otro lado? Cada uno especula las fantasías de su mente obstruida. Si, obstruida por las fantasías que ha escuchado de otras mentes fabulosas. Todos quisiéramos vislumbrar un poquito de lo que desconocemos. No sólo quisiéramos saber qué habrá al otro lado, sino que, además, quisiéramos saber si realmente existe el otro lado.

¡Cuántos disparates escuchamos! ¡Cuántas historias de vergeles, de lagos cristalinos, de arcoíris, de flores! ¡Cuántas leyendas de mansiones, casas en las praderas, o sencillamente casillas como jaulas de pollos! ¡Cuántas tragedias de gusanos, de fuego, de criaturas infernales! Pero, las escuchamos con atención y la ponderamos en nuestra mente, porque no sabemos si es o no es real lo que se dice.

Las especulaciones van desde lo sublime hasta lo grotesco, desde lo más solemne, hasta las carcajadas. ¡Qué historias se han narrado! ¡Julio Verne es un bebé al lado de esos "autores! ¡Jonathan Swift es un pellizco de ñoco al lado de algunos santurrones que cuando se les acaba la gasolina de la fe, van y vienen al otro lado en asiento de primera clase! Sin embargo, también nosotros, muchas veces, quisiéramos sacar pasaje para ir a ver qué hay al otro lado.

Para el ser humano, siempre es un misterio el otro lado. ¿Qué habrá? Y, como apunté antes, ¿realmente habrá? ¡Qué desesperante es no poder ver más allá de lo evidente! Creo que somos incrédulos por naturaleza. ¡Qué difícil creer en lo que no vemos! Sin embargo, hay gente que se las pasa "viendo". Viendo cosas a su manera, de acuerdo con su trasfondo religioso, de acuerdo con el tamaño de su imaginación. ¡Y qué imaginación!

Se necesita fe, pero mucha fe, para creer lo que no es evidente. Afirmo con mucha vehemencia que la mayoría viaja en el tren de la duda por la vía de la incredulidad. Sólo unos pocos ven por el cristal de la confianza los diminutos cocuyos del más allá. ¡Bienaventurados los que creen, porque ellos verán lo que otros no ven!

En ocasiones, no tenemos más argumentos para enfrentar nuestras crisis de fe que aquel que le dio el padre del niño lunático al Nazareno: _ *"Creo; ayuda mi incredulidad."* Se nos hace difícil creer porque estamos en este lado. En este lado está para nosotros la realidad, lo tangible, lo cotidiano. Pero, cuando pensamos en el otro lado, inmediatamente nos asalta la duda y el misterio. Cuando los achaques comienzan a explotar, cuando el corazón pierde su ritmo acostumbrado, cuando el tiempo nos da en plena cara, cuando comenzamos a ser doblegados por las inclemencias de los años, entonces la incógnita se hace desafiante y la ansiedad incontrolable. A todos nos llega el momento de cuestionar... **¿qué habrá al otro lado?**

— 11 —

¡Ayúdenme, por favor!

El pecho me estalla por la imposibilidad de tomar aliento. Vivimos en un mundo anónimo, lejanos unos de otros, desconocidos y desconociéndonos. Y yo, yo necesito un cirineo, un buen samaritano, un alma noble que me brinde ayuda, que me de la mano, pero no llega. Veo pasar por la vereda de la vida el alma pálida del que fue mi amigo; grito… y nadie contesta. En mi eterna agonía, un poco de fuerza aflora de la nada, y vuelvo a gritar: _ ¡Ayúdenme, por favor!

Hay una muralla entre nosotros. Un abismo separa nuestras vidas. ¿Será que la velocidad de la existencia impide el acceso a los demás? ¡Necesito ayuda urgente! Y exhalo un quejido endeble como el morir de un niño que nadie oye: _ ¡Ayúdenme, por favor! Pero el murmullo se pierde en la soledad del universo. Nadie escucha, nadie viene, nadie se siente aludido, nadie ayuda.

¡No hay quien secunde mi gemir! La neblina del yo tiene a todos ciegos, el estruendo del ego ha desatado una plaga de sordera y todos deambulan mudos, víctimas del virus de la desunión. Yo me arrastro por la empinada cuesta del desespero tratando de alcanzar lo inalcanzable. ¡Ayúdenme, por favor! Vuelvo a sollozar con el recelo de un alma entorpecida; entorpecida por la plaga del siglo, entorpecida por un mundo atascado en el pantano de la indiferencia.

La apatía corona la sociedad, va con paso parsimonioso por la alfombra que le ha tendido la pereza. A los lados de la calle la chusma da vivas a la ignorancia. El cetro de la mala fe se levanta amenazador. El mundo atolondrado va dando tumbos y sube las escalinatas de la casa del olvido. Detrás se cierran las puertas de las tinieblas. Yo, por mi parte, continúo rodando, sigo mi fantasmal viacrucis, suplicando una migaja de un mundo pródigo que se aleja cada vez más de la casa de una sociedad unida y cooperadora.

Ya no puedo musitar mi anhelo, no me quedan fuerzas para tocar a las puertas de una conciencia protectora. He dejado mis residuos de optimismo esparcidos por la senda agotadora de la búsqueda. ¡Me rindo! ¡No pido más! Sólo en el sótano de mi arruinada casa que sucumbe ante los implacables vendavales del tiempo hay un tenue recuerdo, grabado en una tabla de añoranzas cubierta de las telarañas del olvido, que dice: _ **¡Ayúdenme, por favor!**

— 12 —

¡Me niego a continuar!

Gritaré que me niego a continuar el viaje por este camino incierto y riesgoso. No hay fuerzas, no hay ánimo, no hay voluntad, no hay vida. A veces pienso en los que ya no son y los envidio. ¡Ya ellos llegaron a donde sea! Yo me hallo estancado entre los escombros de lo que fue un mundo habitable. A veces trato de moverme, pero el peso del sufrimiento y la tristeza me lo impiden. Lo que de mí queda, yace en tierra atraído por la fuerza del no puedo. En mi mente, si es que tengo, borbotea una decisión obligada: ¡me niego a continuar!

¡No me presionen a seguir! ¡No quiero, ni puedo! Estoy sentenciado, como un viejo barco, a vivir anclado en el puerto del no más. Insisto en permanecer quieto, como el pesado tronco de un árbol caído. Continuar no vale la pena. ¿Moverme…? ¿Hacia dónde? No hay derrotero, no hay destino, no hay razones, no hay rumbo.

¡Me niego a continuar! Estoy amontonado en un pedregal muerto; piedra sobre piedra. Díganme, por favor, quién fue el último que llegó. ¡No saben! Porque nadie ha llegado; todos están paralizados en algún recoveco de un mundo inerte.

Me ha sobrevenido una gran morriña; la penumbra de un sueño aterrador se cierne en derredor. Me voy hundiendo en la espesa oscuridad del conformismo y la muerte se acerca sigilosa. Pero la muerte también se va, no quiere moverme de mi dulce estancamiento. Y yo... caído en el hoyo de mi satisfacción propia, me niego a continuar.

¿Qué haces?; le digo a la esperanza que me quiere mover. ¡Aléjate, intrusa! Quiero saborear la inercia de un alma sin consuelo, sin paz, sin razón. ¿Por qué ese empecinamiento de estar hoy aquí y mañana allá? Déjenme yacer en la estera del nada hacer, con la mullida almohada de la quietud. No importa quien intervenga en mi vagancia espiritual, no me moveré, no me arrastro más, no. ¡Me niego a continuar!

Mi ser inmóvil yace derramado en una estúpida quietud. Estoy fijo, anclado en los recuerdos de un ayer paralizado. Mi mundo es estático, me siento gandul en roca firme; haraganeo en un mundo inactivo y afeado. ¡No vale la pena del esfuerzo, no! ¡Me empeñaré en remolonear en una existencia sin sentido! **¡Me niego a continuar!**

— 13 —

¡Me falta el aire!

Es imposible gritar… ¡Me falta el aire! ¡Ay de mí, madre del alma! ¿Qué haré? Mi aliento se aleja para no volver; y yo, muero sin realizar mi grito postrero. En mi delirio, oigo resollar el mundo, como el ruido de un mar embravecido. Trato de reaccionar… pero no puedo. Creo que ha llegado la oscuridad. La nada toma forma en mi asfixiante agonía.

Todos los pesares del camino vinieron a mi encuentro. Una retahíla de bochornos, malos ratos y sinsabores me envuelven con su espesa niebla. Ellos me impiden que respire. Me oprime el pecho una tonelada de dolor… ¡Me falta el aire!

La humanidad jadea ante mí su pestilencial aliento. ¡Aunque sea ese, lo quiero! ¿Qué importa al fin, si todos roncan cual cascada en acantilado? El viento ha tocado la trompeta de retirada; su ejército desertó, no queda nadie. ¡Qué triste la situación del alma en pena, inerte... víctima de profundo sufrir sin remedio! No hay un soplo, ni siquiera un estornudo... nada.

¡Por completo se ha ido!

Miro y no veo, sofocado por la ansiedad de la existencia. Las deudas, los cobradores, los demandantes, los gendarmes, el qué dirán, las presiones, los vecinos, los criticones, los complejos... todos, todos han formado mi hermética prisión.

Ni una pisca de aire entra a mi maltrecha nave; estoy varado en los pedregales de un mundo exhausto. Me parece ver por un espeso cristal un mundo cruel e inmisericorde. Estoy... pero no me ven; mi existir yace extenuado, pisoteado por la vida. Desfallezco sin remedio en medio de cosas inanimadas, sí, inanimadas, porque la humanidad ha dejado de ser y cosas deambulan en un caos asfixiador. Todavía puedo pensar, pero emitir palabras no puedo... ¡Me falta el aire!

Me estoy consumiendo en una mazmorra sellada. Ni un hilo de esperanza tiene entrada en esta inhóspita prisión. ¡Quién sabe si yo mismo soy el arquitecto de este hermético adefesio! Mis acciones impensadas me mantienen en un encierro desesperante. Las fuerzas escaparon, todo está paralizado; y yo pendo de una telaraña, telaraña tejida en las entretelas de mi existencia por mi otro yo, mi otro yo mortal.

¡Mi debilidad ha entrado en crisis! Mi mundo se ha tornado cianótico, doy vueltas en un azul negruzco… pero no es el cielo, no es el cielo que deseo, pero no alcanzo. Ahora no sólo me falta el aire, me falta todo; todo lo que trae vida, aliento, calma.

Mis pensamientos están nublados, una escalofriante oscuridad me ha cubierto. No oigo endechaderas, no oigo letanías, no oigo nada. Me falta voluntad, me faltan fuerzas… **¡Me falta el aire!**

— 14 —

¡Denme algarrobas!

¡Soy hijo pródigo en mi propia casa, camino perdido en el mundo que conozco... desconozco si mi padre me ama! ¡Denme algarrobas! Grito, pero no es oída mi voz. Mi familia se ha tornado indiferente, indiferente y silenciosa. ¡Denme algarrobas! En el farallón de la impasibilidad el eco de mi gemir responde... ¡Denme algarrobas! Luego un silencio aterrador impera en toda la casa.

Voy sin dirección por los recovecos de la casa que una vez fue cálida, acogedora y opulenta. Soy huérfano en la casa de mis padres. La casa, la casa grande donde una vez había murmullo de niños, risas de adolescentes y algarabía de una familia; se ha tornado reservada y melancólica. _ ¿Dónde están todos? ..., digo mirando la soledad. Pero mi voz no sale, no sale, pues no llega a ninguna parte. Sólo, mi pensamiento confuso y mi alma alicaída, exhala un clamor sórdido..., que raya en la avaricia... ¡Denme algarrobas!

Mi petición es desoída. En una casa vacía es imposible que haya provisiones... ¡ni siquiera para los cerdos! No hay algarrobas, no hay cerdos, no hay corrales, no hay nada. Esta es una casa insípida..., este es un mundo inhóspito. Voy dando tumbos por los pasillos de la existencia sin sentido, sin dirección, sin destino. _ ¿Cuándo esta casa fue exuberante?

Nadie me contesta. Vivimos en un mundo frío, inhóspito, desconfiado. No hay oportunidad de ser atendido y el grito sigue vigente... ¡Denme algarrobas!

El deseo de mi ser no ha sido satisfecho. Mi alma languidece junto a los perrillos a las puertas de mi propia casa. ¡No caen migajas! Miro, y ni siquiera hay comensales, ni platos, ni mesas. Todo está desierto, todo está lóbrego, todo está vacío. Yo también estoy vacío, muero de inanición en un mundo necesitado. Un mundo necesitado de calor, de hermandad, de hospitalidad. Vivimos en un mundo tacaño y miserable. Sí, miserable, que ni una algarroba brinda al hambriento. Vivimos en un mundo mezquino, carente de valor para dar a alguien las sobras de su roñoso vivir.

¡Cuántos sinvergüenzas tienen abundancia de pan y yo aquí me muero de hambre! No tengo a dónde ir, soy hijo pródigo en mi propia casa. Nadie escuchará, nadie se apiadará de mí, nadie se enterará cuando en medio del sopor de una casa sin vida, pueda como ánima en pena gritar... **¡Denme algarrobas!**

— 15 —

¡Huérfano!

Me sobran los padres, pero soy huérfano. Soy expósito en la gran familia de un mundo traidor. Estoy necesitado del calor de la casa paterna. Carezco de amor, extraño los arrullos, estoy sediento del tibio regazo de una madre amorosa. ¡Qué triste soledad me brinda amparo! Deseo acurrucarme a los pies de un amor genuino. Deseo, sí, sólo deseo; porque la fría cuna de mí vagar sombrío me grita: ¡Huérfano!

Necesito el amparo de un alma protectora, de un ser que me acoja sin reservas en el seno de su corazón. La orfandad que me persigue es el vacío del alma sin redención. Aún en el bullicio atronador de la hipocresía, escucho el repicar de las campanas de la catedral del dolor que doblan por un huérfano insepulto.

Siento en mí el frío abrazo del abandono. Deambulo por las veredas de la existencia desprovisto del más elemental amparo. Todo mi ser tiembla; la helada soledad me azota inmisericorde. Miro, y nada veo... sólo la neblina de la orfandad nubla el existir. Soy huérfano en un mundo superpoblado. Un grito agónico golpea la dura realidad de mí vagar: ¡Huérfano!

¿Cuántas almas desamparadas habrá en este solitario mundo? ¡Millones! Si, millones de huérfanos que van de la mano de Soledad, de esa amiga de los desvalidos, de los abandonados, de los desabrigados de la tierra. Deseo gritar, pero me faltan las fuerzas. Sólo un pensamiento me asalta, sólo un pensamiento me abofetea en la cara, un pensamiento demoledor... ¡huérfano!

Estoy condenado al abandono; el desierto se ha convertido en mi lóbrega celda. Sólo un halo frío me protege. En mi ser languidece un lejano recuerdo de un alma gemela que gritó: "Soy semejante al pelícano del desierto; soy como el búho de las soledades; velo, y soy como el pájaro solitario sobre el tejado." Soy sencillamente huérfano. Huérfano en un mundo lejano, en un mundo hostil, en un mundo individualista.

Ya estoy cansado de vagar. Mi vigor se ha secado. Ya no puedo rondar y mi búsqueda ha sido estéril. Estoy como aquel Melquisedec de antaño: "Sin padre, sin madre, sin genealogía..." Así estoy, así soy... **¡Huérfano!**

— 16 —

¡Quiero silencio!

¡El bullicio de una humanidad ruidosa me tiene a punto de la locura! ¡Quiero silencio! ¡Quiero tranquilidad! Mi gemir se hace inaudible en un mundo extremadamente escandaloso. ¡Si pudiera encontrar un lugar sosegado allá me iría! Pero no lo hay; no, que yo sepa. Existo en una humanidad alborotada y vertiginosa. ¡Si pudiera decir como el galileo al mar: "¡Calla, enmudece!" … pero no me alcanzan las fuerzas ni tengo el poder. Sólo pienso decir lo que mi boca no puede pronunciar: ¡Quiero silencio!

La tempestad arrecia, un cielo gangrenoso se baña en ocasiones de la luz centelleante de una sociedad atronadora. En esta humanidad hostil se escuchan gritos perturbadores de almas sin paz, sin sosiego… sin perdón. Sin perdón, porque esto es un infierno en la tierra. La tierra que ya no es lo que un día, se dice, fue. Sólo se oye la histeria en una hecatombe de ruidos que parecen proceder del abismo. Y el grito de un alma

en desasosiego se pierde en la inmensidad atronadora...
¡Quiero silencio! ...pero nadie puede oír.

La canción de los mares es un sonido confuso
y desagradable. El universo entero se ha enrollado
en un borroso pentagrama sin sentido. Todo es
estrepitoso, aun los pájaros han olvidado su cantar
y pululan en un ventarrón sin esperanza. Esperanza
perdida de una humanidad sorda como consecuencia
de sus propios desvaríos. Todos gritan en un diálogo
de sordos. Sordos al dolor, al gemir, a la desdicha
de los demás. ¡Quién pudiera quitarle la venda a la
justicia para de un malletazo detener el estruendo
de una sociedad delincuente! Pero vivimos en una
sociedad indócil, indomable, cerrera... no hay forma
de llamarla al orden. Desesperado y exhausto sigo
mi cruzada sin sentido; y como un zombi exhalo un
solitario quejido que hace eco en la nada... ¡Quiero
silencio!

El cielo perdió su acústica en un terremoto
ensordecedor. ¡Ay de mí, madre del alma, que he
perdido la voz en vano esfuerzo! Toda comunicación
está perdida, la sociedad no tiene ganas ni de hacer
señas. Todo es un caos, se repite el episodio de Babel.
Cada uno va errante por su propio sendero. Tal parece
que todos existen en un mundo invisible a los demás.

Ya no puedo gritar… no hay a quién. Sólo puedo dejar una huella desesperada en el trillado atajo que me conduce a lo incierto, por si hubiere la posibilidad de alguien con vida que vea la huella: **¡Quiero silencio!**

— 17 —

¡Estoy cansado!

Voy jadeante por el tortuoso camino de la vida bajo el candente sol de la existencia. No hay un oasis, no hay sombra, no hay refrigerio. Sólo el espejismo de un futuro incierto se puede ver en lontananza. Apenas me muevo entre rocas y arena; me falta el aliento, me faltan las fuerzas... estoy cansado.

He pasado por los más horripilantes despeñaderos del desprecio, he subido la cuesta de la angustia y, encima de todo, una pesada conciencia me aplasta, me dificulta el avance, me hace trisas la vida. En mi lento caminar voy empapado de un sudor pegajoso y maloliente... son los recuerdos de mis propias acciones mientras trato de avanzar hacia la nada. Me siento exhausto, apenas unos pasos y caigo al suelo, abrazo la arena, las piedras, el aire... y allí quedo. ¡Estoy cansado!

No tengo fuerzas para llamar, y si tuviera, nadie respondería a mi angustiosa queja en este triste caminar.

Soy el residuo de intentos fallidos en un mundo que se traga a sus moradores. A punto de desmayar, quiero intentarlo nuevamente, pero no hay ánimo, las fuerzas se han esfumado… estoy cansado. Cansado de luchar, cansado de volver, cansado de todo.

Las culpas de mis acciones me han abatido, me han chupado la alegría. Miro alrededor y todo es un infernal torbellino. Mis huesos se han entesado, mis músculos están congelados por el frío de mi propia maldad. Al igual que el Hércules de antaño un mundo pesado aplasta mi existencia y me mantiene varado en un puerto desconocido. Pero aquel tenía fuerzas, o alguien se las influía; sin embargo, yo estoy aquí extenuado y sin esperanza.

Mi existir ha decaído a tal grado que apenas puedo ver el camino. Tengo la vista nublada, truenos y centellas se escuchan en mi desgastado mundo; una tormenta de recuerdos se avecina. Los vientos comienzan a embestir mi atolondrada mente. Todo es un caos, la corriente me lleva hacia la locura sin remedio, ya no queda nada de lo que antes fui… **¡Estoy cansado!**

— 18 —

¡No tengo rumbo!

¡Quiero gritar mi turbación en medio de una humanidad desorientada! ¡No tengo rumbo! ¡Si supiera hacia dónde voy! Una densa oscuridad arropa la sociedad perdida. Nadie sabe a dónde va, ni le interesa. Tengo un punto a mi favor: reconozco que no tengo rumbo. Existo en una sociedad extraviada en los caminos que ella misma ha construido. Todos deambulamos a ninguna parte, a ningún sitio, a lugar indeterminado. Todos corren hacia lo incierto y se empecinan hacia un derrotero impreciso, en fin, es una humanidad desviada.

Me he descarriado y desconozco completamente a dónde me dirijo. La desorientación reina en un mundo en movimiento vertiginoso. Todo está en movimiento, todos bailan la enajenada danza del existir. Todos prefieren remolonear, pero son empujados a vagar por los tortuosos senderos de la vida sin saber a dónde ir. Estamos en un infernal laberinto sin final. El torbellino de lo incierto nos arrastra a un precipicio sin fondo, eso creo. Estamos condenados a vagar en los desaciertos de nuestros actos en medio de una densa oscuridad. ¡No tengo rumbo! ¡No hay remedio para esta extraviada sociedad!

La tormenta me lleva a sotavento del existir. Mi conducta exhibe oscuramente la trayectoria de mis desacertadas decisiones. Soy como una barca sin timón en el embravecido mar de mi existencia. Perdí el curso de mi vida en medio de estruendosa tempestad. Desconozco si voy o regreso; no veo estrellas, ni luna, ni sol… todo es oscuridad.

El viaje ha perdido todo sentido, no logro distinguir lo que está delante. Lo inesperado llegará, lo incierto está allá y contra eso me estrellaré sin remedio. Me estoy dejando llevar por la ruidosa corriente del vagar. Nadie me detiene, no hay faro, carezco de brújula, me despedazaré en el malecón de la realidad desconocida. Voy rodando por los despeñaderos de mis oscuros hechos, de los que nadie ve, ni oye, ni sabe… y jamás lo sabrán porque voy a la deriva.

El viaje no termina, ni terminará. ¿Quién sabe con certeza a dónde va? ¡Nadie! Algunos fanfarronean en el estrepitoso mar de la verdad o la mentira. ¿Quién sabe si va o viene? ¡Nadie! Somos engañados por los espejismos de una sociedad ilusa y nos dejamos conducir por los que se hunden extraviados en sus propios pensamientos. Llevo una leve ventaja a los ciegos guías de ciegos que conozco. Esa ventaja es mi realidad, mi propia realidad… **¡No tengo rumbo!**

— 19 —

¡Qué mogolla!

¡Ya no tengo fuerzas para gritar! Pero, aunque sea un gemido exhalaré obligadamente. Pronunciaré lo que es mi verdad, mi propia verdad, la verdad que conozco. Este mundo es una olla podrida, la humanidad es una mezcla putrefacta que hierve en el fuego del mismo infierno. No encuentro una palabra que describa la venenosa ensalada que está servida en la mesa de una humanidad hambrienta. No han inventado un adjetivo adecuado para develar la fea realidad en que vagamos. No han fabricado el pincel que pinte la horripilante crudeza del devenir humano. Solo puedo susurrar… ¡Qué mogolla!

Este sistema de cosas en el que vivimos es una mezcla confusa de elementos letales con resultados impredecibles. Esta sociedad ha venido a ser una poción mortífera que todos se aprestan a tomar. ¡Qué mogolla! Cada uno le añade su fórmula, cada uno la mueve desesperado, todos hemos aportado nuestros propios ingredientes… y la hacemos más venenosa. ¡Qué mogolla!

La mescolanza que hemos creado la tenemos asida a nuestro cuello, nos aprieta sin misericordia, nos ahoga como un moderno Frankenstein. Todo está hecho un revoltijo: la religión y lo secular, la política y la anarquía, el despotismo y la democracia, la ciencia y la ignorancia, las enfermedades y la medicina, las guerras y los acuerdos de paz, los descubrimientos y los encubrimientos; todo en una mogolla indescifrable y ridícula.

La amalgama purulenta que se ha formado al pasar de los años nos ha conquistado a tal extremo que nos movemos en ella como zombis sin ver la magnitud de nuestra creación. ¡No hay quién sea capaz de notarla! Hoy, por desgracia, conviven el amor y el odio, la caridad y el egoísmo, la responsabilidad y la dejadez, lo santo y lo profano, lo bueno y lo malo; y todo triturado en la gran licuadora de la indiferencia, es servido en los restaurantes de lujo y en las pocilgas pestilentes en todas las estaciones de esta sociedad anómala. ¡Qué mogolla!

¿Quién podrá revertir esta mogolla? ¡Nadie! Esta mezcla ponzoñosa está destinada a envolvernos en su veneno hasta que todos nos desintegremos y nos volvamos parte de ella misma. Hemos caído en nuestra propia trampa, hemos apurado el veneno que hemos preparado, nos hemos convertido en la mogolla que hemos creado; y, como consecuencia de ello hemos dejado de ser nosotros mismos y nos hemos convertido en mogolla... y... **¡Qué mogolla!**

— 20 —

¡Quiero estar solo!

¿No lo oyen? ¿Están sordos? ¡Quiero estar solo! ¡Déjenme, por favor! El hormigueo de las personas me vuelve loco. ¡No soporto las gentes! Todo a mí alrededor apesta a gente, es un olor nauseabundo, insoportable. ¡Quiero estar solo! Detesto la compañía de alguien, mi deseo es vivir en la soledad. ¡Quiero un mundo para mí, sólo para mí!

¡Me encantan los parajes solitarios, amo el desierto, disfruto mi soledad! La gente me asfixia, el bullicio me acalora, las multitudes me infunden pavor. Quiero saborear la desolación que me acompaña, el desamparo que me abraza, el yermo que me recrea. Quiero mirar a mí alrededor y saber que no hay gente, que se han ido, que estoy conmigo. ¡Quiero estar solo!

Los reyes son gente enferma, personas desquiciadas. Tienen que ver gente, tener guardias que le rodeen, séquitos que le alcen la cola. Sin embargo, yo disfruto mi desierto, detesto la compañía y voy por la vida cantando mi propia canción. ¡Soy mi propio mundo y lo disfruto! ¡Quiero estar solo! ¡Quiero tranquilidad! ¡Qué maravilloso escuchar el canto de las aves! Ellas no tienen envidia, no calumnian, no mienten. Los pájaros no cobran por sus conciertos extraordinarios, no venden boletos para sacar de mi pecho felicidad. La gente daña esos conciertos con sus pamplinas. ¡Quiero estar solo!

¿Puedo disfrutar el murmullo del riachuelo rodeado de una chusma irreverente? ¡No, claro que no! Amo mi solitaria compañía, detesto la de muchas gentes. Quiero disfrutar del viento cuando me acaricia, de esa fresca brisa que me rodea. ¡Apartaos de mí, hacedores de maldad! ¡Fuera, gente perversa! ¡Quiero estar solo!

El que no disfruta de su soledad no puede disfrutar de ninguna cosa. Hay muchos adictos a la gente en esta humanidad enferma. ¡Qué hermosos los valles verdes, los llanos que se pierden en lontananza, los ríos que se esconden entre laderas! Ellos han aprendido a estar solos, ellos también aman estar con ellos mismos. Pero, muchas veces son invadidos, como por una infección viral, por las turbas irreverentes que los profanan. Quiero, como el río, perderme entre las laderas y disfrutar de mi compañía en medio de la soledad amorosa. **¡Quiero estar solo!**

— 21 —

¡Qué decadencia!

¡Se me hace difícil gritar en este instante! El mundo va barranca abajo, se precipita al abismo… y no hay quién lo detenga. La ruina de la humanidad continúa su irremediable proceso. Y yo, voy por la cuesta pavorosa de la historia junto a esa humanidad desbocada, imposible de frenar. Las ruinas están por todas partes. Hay un mundo descolorido por las inclemencias del hombre. Abajo, abajo se ve el ocaso de una humanidad en retroceso, diezmada por sus mismas entrañas. Una sola palabra puede arropar esa humanidad envejecida, una sola frase resuena en el orbe… ¡Qué decadencia!

La caída estrepitosa de una sociedad desgastada se ve venir. Las cenizas comienzan a aparecer, las arrugas de un mundo moribundo dividen las almas en una sociedad seca por el odio.

El día de la humanidad va pasando y el sol de la esperanza se esconde detrás de montañas de incomprensión. Las aves que aún quedan se van de sus nidos, los animales de rapiña salen de sus madrigueras a buscar la presa indefensa que en medio de la noche espesa deambulan sin esperanza. Todo va sucumbiendo ante sí mismo. ¡Qué decadencia!

Ya se oye el atronador caer de lo que queda en pie de una humanidad desgastada. Los escombros se pueden apreciar por todas partes. Los escombros de algo que fue hermoso y que vio pasar su esplendor como un relámpago. La decadencia es veloz, inmisericorde, devastadora. Lo que ayer vimos en pie, hoy rueda por el abismo, un abismo irreconocible de recuerdos. ¡Qué decadencia!

¡Todo se cae desde sus cimientos! Si, desde sus cimientos, porque lo que sostenía esta humanidad en declive se ha estado desintegrando. La verdad es un leve recuerdo, la integridad no está en moda, la honradez quedó huérfana y lo que sostiene lo que queda se esfuma como el rocío al levantar el día. Veo un mundo envejecido por sus desarreglos, una humanidad senil se tambalea barranca abajo. No hay medicina que cure esa enfermedad, no es una cuestión de arreglos estéticos es una descomposición irreversible. El mundo rueda en pedazos barranca abajo y sólo una frase febril y disonante resuena en el orbe… **¡Qué decadencia!**

— 22 —

¡La tierra está cansada!

¡Se me hace difícil gritar! Me siento tan agotado, que me falta el aliento. Todo a mí alrededor se ve extenuado y lento. El ajetreo normal de una sociedad vagabunda se ha detenido. El teatro de la humanidad presenta su función en cámara lenta. Lo que desde antaño corría sin rumbo hoy se mueve imperceptible por las lentas avenidas de la vida. El mundo ha perdido velocidad, el universo lleva los pesados grillos de la maldad… la tierra está cansada.

La pesada carga que hemos puesto sobre la tierra la mantiene agobiada. ¿Qué puede pesar tanto que haya causado en la tierra tal efecto? La pregunta es sensitiva, profunda y abrumadora. Abrumadora, sí, porque todo en esta sociedad se ha fatigado. Los males que azotan este transido mundo lo mantienen sin fuerzas. Vivimos en una humanidad rendida por sus propios excesos. ¡La tierra está cansada!

El hombre respira desaliento y exhala cansancio. Los odios, rencores, guerras y excesos vienen a ser insoportables para una humanidad transida de dolor. No hay vitaminas disponibles, no hay brebajes potenciadores... no hay milagros. El agotamiento es irreversible, la pérdida de energía no se puede detener; y la tierra, como un ebrio amanecido, se mueve lenta y callada.

Callada y parsimoniosa va la humanidad sin rumbo por la vía dolorosa del morir. La tierra está cansada de girar, de ser fiel a su sol, de seguir el compás del universo. Como un caballo viejo, la tierra dejó su trotar eterno. Sus energías se agotaron, sus reservas desaparecieron y no tiene fuerzas para pedir ayuda. La tierra se arrastra lentamente hacia un abismo infernal. ¡La tierra está cansada!

El sol castiga la infidelidad de la amada y ella exhausta e indefensa no puede aligerar el paso. Todas las fuentes de energía que la alimentaban han reventado en sus entrañas, se agotaron para siempre...no hay remedio, su transido corazón ha colapsado. La agobiada humanidad busca remedio sin resultados positivos, es como tratar de revivir un cuerpo putrefacto. El desánimo es rey y señor de todos, la humanidad está de rodillas ante él; no porque le rinda culto, sino porque no tiene fuerzas para levantarse. Todos están cansados.

El viento dejó de hacer su trabajo, está cansado. Los ríos tienen complejo de serpientes y se arrastran lentamente hacia una muerte segura, están cansados. El día llegó más tarde que nunca, pues la noche perdió su paso. Todo es una eterna lentitud, una vagancia sin precedentes. **¡La tierra está cansada!**

— 23 —

¡Estoy vacío!

Una extraña pero triste sensación me ha invadido. No llegó repentinamente, fue un proceso. Me siento como una hoja llevada por el torbellino de la existencia. No puedo describir con palabras la metamorfosis que he sufrido. ¡Me siento vano! ¡Me han robado inexplicablemente mi contenido! Me siento... ¡vacío! ¡Estoy vacío! ¡Lo gritaré, aunque nadie escuche!

¡Tengo la terrible impresión de ser concha abandonada! ¡Qué vacuidad ha usurpado quien yo era! Hay un profundo hueco donde una vez estaba yo. Sólo el carapacho permanece y está maltrecho. Maltrecho porque en su interior nada lo sostiene, sólo un vacío tenebroso e indescriptible. Indescriptible, porque la nada, el vacío, lo que no es, no se puede delinear, ni dibujar con palabras. Palabras que me faltan para expresar un ser desprovisto de todo. Todo está desocupado, desierto, tenebroso. ¡Estoy vacío!

¡Soy como una casa desocupada! ¡Se han llevado todo, muebles, enseres, libros, adornos… todo! Soy como un vehículo sin motor, ni trasmisión, sin asientos… sin nada. Sencillamente, estoy vacío. ¿Qué será saberse pleno, Fela de mi alma? ¿Cómo será?

¿Dónde está todo aquello que llenaba mi existencia? ¿A dónde se ha ido mi alegría, mi gozo, mi felicidad? ¿Quién me los ha robado? ¡Cuánto añoro aquella tranquilidad que ocupaba mi existir! ¿Dónde está mi paz? ¿Dónde? ¡Qué agonía ha ocupado lo que era antes mi placer! Soy como un mar sin agua, un cauce sin río, un jardín sin flores. Debe haber un ladrón sin conciencia en esta humanidad. ¡Quién sabe si esta sensación es compartida con mis semejantes! Pero no lo sé, ni puedo saberlo; he sido despojado de todo.

¡No quiero estar vacío! ¡Si pudiera llenarme de algo… de lo que sea! ¡No importa! ¡Tengo una existencia carente de valor, de coraje, de emociones! ¿A dónde se fue el amor que una vez fluía a borbotones de mi sensible corazón? ¡Qué tragedia! Lo que me ha sucedido es algo inaudito, inexplicable y sin sentido. Nada tiene significado, todo carece de valor, se perdió el propósito de vivir. Sólo una frase puedo susurrar, una frase de dolor, de desesperación, **¡Estoy vacío!**

— 24 —

¡Qué farsa!

¡Tengo que gritar con las pocas fuerzas que me acompañan que el mundo está lleno de farsantes! ¡Mucho gusto! ¡Fue un placer! ¡Te felicito! ¡Qué bien te ves! ¡Farsantes, mil veces farsantes! ¿Por qué la humanidad ha dejado de ser genuina? ¿Por qué las personas no se limitan a decir lo que verdaderamente sienten? ¡Ah, porque si dijeran lo que sienten los demás sabrían la podredumbre que esconden en su corazón! Pero preferimos seguir en el teatro de la vida, desempeñando el papel que no le queda a nuestra personalidad. ¡Qué farsa!

¡A todos nos encanta el teatro, inclusive nos robamos los libretos! _ "Digo, como dice don Aquel... bla, bla bla." Queremos aparentar, igual que los artistas, lo que no somos. ¿Has dicho alguna vez algo que no sentías y que creíste engañar a todos? ¡Quiero que sepas que ellos tenían también el libreto! Vivimos en un inmenso teatro donde todos engañan a todos. En la trama de la obra todos hemos participado. La única diferencia es que siempre le damos a nuestras líneas un toque personal. ¡Qué farsa!

¡Qué enredo ha formado el hombre para impresionar a los demás! Es más que una trama aprendida, es una tramoya ensayada y requete ensayada. Es una pieza de gran envergadura, es la tramoya de la vida. Es la farsa montada por el hombre y para el hombre. ¡Qué farsa!

El mundo ha hecho del engaño y la hipocresía dos aliados incondicionales. El esposo engaña a su esposa y luego llega a su casa y le da un besito y le trae un antojito… ¡Para demostrarle lo mucho que la quiere! El líder comunitario ayuda a sus vecinos a proteger sus propiedades y por la noche es el ladrón que les roba. ¡Qué farsa!

¿Cuántos ejemplos pudiéramos tener en el teatro de la vida? ¡Innumerables! Pero nos falta el tiempo y el espacio. Y, además estoy ronco, me duele la garganta, y la vida. Sólo puedo gritar una vez más… **¡Qué farsa!**

— 25 —

¡Chapuceros!

Mi existencia languidece en un mundo inmerso en la mediocridad. ¡Pocos hacen algo bien! Estamos en la era de la producción en masa, se hace mucho con poco... ¡Para que sea costo eficiente! El ser humano se ha empeñado en la elaboración de cosas y se le ha escapado la superación. Todos hacen algo, algo tosco, algo grosero; luego lo exhiben, y exclaman: _ ¡Algo es algo! Hemos sido tragados por la mediocridad, por la vagancia, por la chabacanería. Sólo una palabra puede describir la dejadez en que se mese la sociedad en ruinas, sólo una: ¡chapuceros!

Ya la desmoronada humanidad no aguanta más remiendos. Cada generación ha pegado sus propios parches a un mundo desinflado. Cada uno inventa sus adefesios con los cuales esperan llevarse el gran premio a la mediocridad. ¡La torpeza reina en una sociedad desvalorizada! La excelencia es un vago recuerdo en una desmemoriada humanidad. Nadie se esfuerza por algo que valga la pena, nadie se esmera en sus labores, nadie recuerda lo exquisito, lo primoroso. Todos han caído en el inevitable embudo de la ineptitud. ¡Chapuceros!

La vista es el único parámetro que ha establecido esta sociedad superficial. _ ¡Se ve precioso! Es la frase por excelencia de un mundo chabacano y vulgar. El refrigerador es una joya... pero no enfría. El auto es "filigrana" ... pero hay que devolverlo al vendedor, pues nos deja varados en el camino. El reloj es deslumbrante y lujoso... pero no funciona. El mundo se ha convertido en un gran templo donde se rinde culto a la torpeza. ¡Chapuceros!

La sociedad ha perdido su derrotero. Vamos camino a ningún lugar por una vía desconocida. Lo vulgar permea todas las esferas de una sociedad remendona. Cada quién se conforma con cualquier cosa y luego lo elogia. Vamos barranca abajo hacia el precipicio sin fondo. No hay marcha atrás, todos estamos conformes. Conformes con la ineptitud, conformes con lo grosero, conformes con la vulgaridad, conformes con lo mediocre. Pero, no hay quien pare mientes, estamos hipnotizados por la idiotez. **¡Chapuceros!**

— 26 —

¡Qué ironía!

¡Gritaré a los cuatro vientos las contrariedades de esta vida! La ciencia ha tenido un auge espantoso y el hombre busca los mejores métodos para su propia destrucción. Nos empeñamos en morir de la forma más sofisticada posible. La medicina ha hecho adelantos inimaginables en un mundo cada día más enfermo. Los laboratorios trabajan veinticuatro horas para hacer más intrincadas las madejas de gérmenes y virus que acarician. El científico grita sus grandiosos adelantos cuando un experimento se le ha ido de la mano. ¡Qué ironía!

¡Los diplomáticos declaran la guerra para propulsar la paz! Se oye un grito aterrador en medio de la tragedia: _ ¡Guerra al terrorismo! ¡Se quiere establecer la paz por medio de la guerra! He escuchado algunos maestros sacar un grito histérico para atraer la atención de sus alumnos. He visto un padre gritarle un "palabrón" a su hijo como corrección por haberle escuchado decir una palabra soez. ¡Se quiere corregir el mal haciendo maldades! ¡Qué ironía!

¡Cosas he visto en este loco mundo! Un padre respetuoso, educado y trabajador. Lucha con todas sus fuerzas para darle lo mejor a sus hijos, pero sus hijos le pagan con el desenfreno y la maldad. También he visto padres que no merecen ese nombre; depravados, mal hablados, sinvergüenzas, borrachones, etc.; y sus hijos le salen dechados de vergüenza y honradez. Cosas que no tienen explicación en este irónico mundo. Este mundo está patas arriba y nos acostumbramos a él. ¡Qué ironía!

Los pueblos tienen cuerpos de seguridad para preservar la ley y orden, sin embargo, muchos de sus miembros son delincuentes habituales. Los que deben velar por la seguridad de los ciudadanos son las principales amenazas del orden establecido. Como en la película de terror y suspenso: el jefe de la policía es el destripador de Londres. ¡Qué ironía!

¡Ay, madre mía, que me ha correspondido vivir en un mundo contradictor! El líder religioso, que se supone sea ejemplo a sus feligreses, pervierte y viola a niños y jóvenes. ¡Con qué cara enseñan y hacen plegarias frente a un pueblo enajenado, esos religiosos de pacotilla! Ellos enseñan moral, santidad y buenas obras; pero tienen corazones depravados y enfermos. ¡Qué ironía!

¿Qué más digo? Pues me faltaría tiempo para abrumar al mundo con las inconsistencias de una humanidad deshecha. El médico que mata, el contable que desfalca, el vigilante que duerme, el legislador que viola las leyes, el juez que extorsiona, etc. **¡Qué ironía!**

— 27 —

¡Tengo sed!

¡Mi ser se desvanece en medio de un mundo árido y carente de todo! ¡Clamo por algo de valor que sacie la sed de un corazón decepcionado! Deambulo en un inmenso desierto. Las ardientes arenas del odio y la maldad hacen insoportable la sed de un alma herida. Herida por las espinas de incomprensión y rencor al pasar por la vida. La vida quedó atrás, sólo llevo en mi ser el recuerdo de un oasis perdido. Perdido en este vagar sin rumbo, anhelando algo que sacie la sed por la cual muero. ¡Tengo sed!

¡Tengo sed de paz en una humanidad hostil y belicosa! Las reservas fueron rotas por los cañonazos del egoísmo que fueron disparados desde las inhóspitas colinas de un mundo irracional. "Padre Abraham, ten misericordia de mí, y envía a Lázaro para que moje la punta de su dedo en agua, y refresque mi lengua; porque estoy atormentado en esta llama." Tengo sed y no hay esperanza de ser saciado. Nadie escucha, sólo borrosos espejismos se ven en lontananza. ¡Tengo sed!

¡Tengo sed de amor en el Sahara del olvido! El odio, como un fuego devorador, calcina el corazón de una sociedad transida. Todos, como ciervos bramando por los desiertos, claman por una gota de amor a cualquier precio. Pero, cuanto mayor es la demanda más altos son los precios. El mercado está vacío, los abastos se acabaron. Ya se ven huesos secos en los pedregales del cauce. ¡Yo voy jadeando por un mundo desolado y seco! ¡Tengo sed!

Desde lo alto de mi cruz grito por una gota de alegría. ¡No sé cómo pudo soportar el Nazareno la sequía de la cruz! Los pozos cavados por los payasos de la historia están rotos, nada queda. Una humanidad sombría y parsimoniosa transita triste y cabizbaja por la vía del dolor. Congojas, quejas, maldiciones y sufrimientos, acompañan a una sociedad enferma e imposibilitada de reír. El gozo se ha ido... sólo una mueca se nota en el rostro de un mundo taciturno. ¡Tengo sed!

¡Voy empinando la escurraja de justicia que quedó en las copas de algunas generaciones! Miro este mundo enjuto y sólo quedan terrones de injusticia esparcidos por todas partes. La justicia se quitó la venda, tiró la balanza y camina por los lodazales de la sociedad enferma. Reina el soborno, el chantaje y los arreglos en cuartos oscuros. Los tribunales son cuevas de ladrones, tenebrosos y secos. Y yo, sigo con mi lamento sin fin en un mundo en sequía. ¡Tengo sed!

Mi alma, fastidiada por los ventarrones de la maldad, yace extenuada y jadeante a la vera del camino que conduce al sequedal. Tengo sed de todo, de todo lo hermoso, lo justo, lo valioso. Nada sacia la sed de un alma en las penumbras de una tarde seca. No hay esperanza, ni horizontes; sólo desolación. Me muero, me muero de sed, pero nadie escucha el grito de un alma enjuta. **¡Tengo sed!**

— 28 —

¡Qué legado!

¡Déjenme gritar hasta desfallecer! La furia me invade y enloquece mis sentidos. ¡Estoy como león rugiente buscando a quién devorar! Estoy harto de la herencia que nos han endilgado. Un fatalismo irrevocable se ha apoderado de todos los sucesores de los que no supieron vivir consigo mismos. Una generación infiel se ha ido dejándonos un legado pernicioso, un legado fatal. ¡Qué legado!

¡Los fantasmas de la ópera han abierto el testamento! La fetidez se apodera de los que esperaban sombríos el reparto de la herencia. ¡La herencia está podrida! Lo que ha de ser traspasado a la humanidad se ha descompuesto en tal manera que nada sano queda por repartir. Una nube infernal ha llenado el recinto profano de un mundo expectante.

_ ¡Eso es todo! _ dice el demonio leguleyo con un sarcasmo infernal. La humanidad atontada presagia un futuro desastroso. La transferencia hecha a la generación de mis tiempos es atroz, ilícita e inmoral. Hemos recogido sin remedio los escombros de muchas generaciones. ¡Qué infieles fueron nuestros antepasados! ¡Lo que nos han dejado! Nos han traspasado su insidia, su maldad, su mal espíritu. Nos han obligado a reciclar sus desechos y estos han resultado más perniciosos que lo que fue para ellos. ¡Qué legado!

Los sobrevivientes están enfadados, pues han tenido que aceptar lo inaceptable. Un mundo en ruinas, una sociedad alienada, un caos moral; esa es la herencia de los que nos ha tocado vivir en este siglo oscuro. ¡Todo está patas arriba! Lo que describe el profeta de antaño, multiplicado a su máxima potencia es lo que queda del patrimonio de la humanidad: *"Desde la planta del pie hasta la cabeza no hay en él cosa sana, sino herida, hinchazón y podrida llaga; no están curadas. Ni vendadas, ni suavizadas con aceite."* Hemos recibido de nuestros ancestros un mundo enfermo; enfermo del cuerpo y del alma. Hay una sociedad pobre, desheredada de los tesoros que siempre ha anhelado. Las generaciones pasadas se comieron las naranjas y nosotros estamos pasando la dentera. ¡Qué legado!

¿Qué le dejaremos a las generaciones futuras? ¿Cáncer, sida, gripes, virus, diabetes? ¿Qué le dejaremos en nuestro testamento, qué? ¡Ay, de la sociedad por venir, que se sostendrá con los despojos que le dejaremos! Contaminación, violencia, armas biológicas: todo se lo dejamos a nuestros sucesores. Y al final del documento legal que cualquier desalmado descubra dirá: ¡Con mucho cariño, para las generaciones futuras! **¡Qué legado!**

— 29 —

¡La maldad reina!

¡Lo gritaré decepcionado! ¡Tengo la ponzoña de una abeja maldita clavada en mi corazón! El veneno de ha diseminado por todo mi ser, me siento impulsado a hacer el mal y no veo escapatoria. La pandemia arropa el globo, todos hemos sido contagiados con el mismo mal. No hay control alguno que detenga el desfile triunfal de esa dictadora; las mascarillas no tienen efectividad contra ella. No hay vacuna, ni antibiótico, ni jarabe que traiga esperanza a un mundo sumergido en la inmundicia de su propia maldad. ¡La maldad reina!

Ella se desplaza regia y despampanante entre sus súbditos. Todos le hacen reverencia, en forma compulsiva, como adictos ante el objeto de su adicción. Va rodeada por sus fieles ministros: El licenciado Perversidad Encumbrado, La doctora Malevolencia Despiadada, El profesor Injusto Letrado, y otros asesores demoniacos. La señorona se mueve impávida y dominante. No tiene temor de nada ni de nadie, pues ella encarna todo temor y crueldad… ella es la maldad y la maldad reina.

Cada ser que deambula por los recovecos del reino lleva la enseña de la maldad sobre su pecho. El odio ejecuta las leyes impuestas en el vasto imperio de su majestad y la envidia establece su ley y su orden. Agentes encubiertos vigilan por doquier para que cada quién sea fiel a la maldad. Niños, jóvenes y viejos se han rendido al carisma irresistible de la reina del orbe. ¡La maldad reina! La maldad reina sin oposición. Eso es incuestionable.

La maldad extiende sus dominios en forma aplastante. Nadie puede resistir sus comandos, nadie. Ella es indomable, cruel y avasalladora. Los pocos que han intentado sublevarse ante ella han sido destinados a la bufonería de su palacio. Ella siempre prevalece, es un designio fatal e irresistible. Los más fieles a ella ascienden en la nefasta y perversa sociedad en que estamos sembrados. ¿Cuándo habrá oposición? ¡No sé! ¿Quién sabe? La única y espantosa realidad está aquí y todos lo saben muy bien. **¡La maldad reina!**

— 30 —

¡Estoy indefenso!

Esta vez gritaré por los indefensos, marginados y desvalidos. ¡Déjenme desahogarme, por favor! ¿Quién se interesa por nosotros? ¡Nadie! Digo nosotros, porque yo también estoy entre ellos y con ellos. Digo nosotros, porque yo también estoy a la intemperie de la vida, sin amparo y sin abrigo. Nosotros, porque soy víctima de este mugroso sistema de cosas sin corazón. Nosotros, porque no tenemos nada ni a nadie que salga en nuestro socorro. Nosotros, porque, al igual que ellos, estoy desguarnecido. ¡Estoy indefenso!

Me siento arrinconado por una sociedad desleal e inmisericorde. No tengo escapatoria, no hay lugar para avanzar en medio de una humanidad congestionada por la parcialidad y los prejuicios. Grito como el Apóstol de los gentiles en el ocaso de su vida: "Todos me han desamparado, no les sea tomado en cuenta." Pero yo no tengo el espíritu perdonador de él, y recrimino los prejuicios de esta enferma sociedad. Deseo esconderme del atropello de todos, pero no hay lugar, no hay refugio, no hay esperanza. ¡Estoy indefenso!

Mi grito se pierde en un mundo desolado y rencoroso. Ninguno ve las desgracias de sus semejantes. Me siento como perro sarnoso en vecindad altanera. Todos me tiran piedras; ni los niños salen en mi defensa, todos llevan en su ser el veneno del odio y la rapiña. La vida ha quitado sus cobijas de sobre mí. ¡Estoy indefenso!

Tengo las manos vacías, ni la más rudimentaria arma aparece en mi estrecho horizonte. Soy una honda sin piedra, un revólver sin balas, una vaina sin espada. Todo corre en mi contra. Soy el blanco seguro del atropello, la burla y el desprecio. Nada me protege de los rayos del sol de la injusticia. Estoy a merced del aguacero de insultos de una humanidad murmuradora. Ni una manta de lástima me guarece. ¡No existen amigos en este atormentado mundo! No hay tregua, una ráfaga mortal hace tambalear mi entorno y caigo atolondrado en el abismo de un futuro incierto. **¡Estoy indefenso!**

— 31 —

¡Sólo quedan escombros!

¡Mi mundo se vino abajo! De todo el esplendor de una alucinante y desenfrenada humanidad nada queda. Mis gritos se pierden en un vacío insondable. Miro alrededor y veo un cuadro dantesco y aterrador. No viene a mi memoria el recuerdo de lo que antes fue. ¿Qué es lo que realmente me rodea? ¡Sueños hecho pedazos! Lo que llena la superficie de mi tierra son los añicos de una sociedad derrumbada por sus propios excesos. De la magnificencia de mi desgraciado sistema de cosas no quedan señales. ¡Sólo quedan escombros!

Las palabras del galileo resuenan en todo mi ser: _ "No quedará aquí piedra sobre piedra, que no sea derribada." ¡Todo está tirado! Las naciones han sido reducidas a ruinas. Las ruinas revolcándose en el polvo que las arropa gritan su dolor. El dolor es mi único compañero en este cuadro de angustia y desolación. Era cuestión de tiempo, todo apuntaba a un estrepitoso desenlace. Los resultados y contribuciones de muchas generaciones se han ido a pique en un mar de desesperación. ¡Sólo quedan escombros!

El universo entona el réquiem a un mundo caído. La capilla está en ruinas, no hay cirios, ni velas… todo está asolado. Los restos de una sociedad corrompida yacen esparcidos por todos lados. Lo que pudo haber sido un mundo de paz y confraternidad se ha transformado en un gran cascote inservible. ¡Ay de mí, madre del alma, que no encuentro donde pasar la noche de mi vida! El ventarrón helado de la maldad encalambra mi alma en medio de los desperdicios que me rodean. La naturaleza está tiritando entrelazada con la hecatombe que impera… se está muriendo también. Se está marchando la vida, tomó sus bártulos y se encamina al infinito. ¡Sólo quedan escombros!

En mi pindonguear por un mundo en ruinas, añoro otro que pude haber vivido. En este no hay alegría, ni canción, ni primavera. Los escombros han silenciado la risa del niño inocente, el ladrar del perro callejero, el cantar libre de la avecilla juguetona. ¡Sólo quedan escombros!

En el crisol de una sociedad descarriada sólo queda la escoria. Escoria, polvo, ceniza… y la broza repugnante de la descomposición que sigue al paso de los tiempos. ¡Una escalofriante metamorfosis ha sido el resultado de las gestiones humanas! Busco algo de valor y no lo encuentro. Escarbo ansioso los rebusques de una humanidad destrozada y es infructuosa mi búsqueda... **¡Sólo quedan escombros!**

— 32 —

¡Corrupción! ¿Aquí también?

La vida está llena de sorpresas. ¡Dondequiera se cuecen habas! ¡De un matojo sale un sapo! Eso dicen por esos mundos. Lo imprevisto nos acecha como león a su presa. ¡A veces encontramos un coquí en la bañera! Él cree que tiene derecho, pero está fuera de lugar. Eso mismo nos sucede en este mundo podrido; encontramos cosas donde no debieran estar. Encontramos al policía aceptando soborno, al alcalde pagando favores y beneficios personales, al maestro corrompiendo el estudiante que confió en él. Jamás pensamos que el juez se pueda vender o que el guardián sea amante del latrocinio. Sin embargo, al enfrentarnos a la dura realidad, no nos queda otra alternativa que exclamar:
_ "¡Corrupción! ¿También aquí?"

¡La descomposición de las instituciones tradicionales es un mal que llega al cielo! ¡No soñamos cómo esa polilla venenosa se ha infiltrado en las instituciones más prestigiosas de los pueblos! ¡Bendita sea la tecnología que desenmascara a los más confiados corruptos del planeta! Hoy el mundo ve al Honorable senador haciendo transacciones criminales bajo la lupa escrutadora de la cámara oculta. Podemos escuchar la voz del político mofándose de un pueblo dócil, gracias a un micrófono indiscreto o a las bien llamadas "redes" sociales. Se hace manifiesta la mala calaña del agente policiaco que dispara a mansalva contra el ciudadano indefenso. Vivimos en un sistema de cosas tan podrido que el mudo tendría que gritar: _ "¡Corrupción! ¿También aquí?"

En un abrir de ojos nos damos cuenta de la pudrición en que nos movemos. La infección avanza por todo el cuerpo, las extremidades gangrenosas exhalan su hedor. No hay remedio para una humanidad cancerosa. Cada componente de esta mugrosa sociedad está adulterado. Y los que representa el sistema están como vacas para el matadero, que se le saltan los ojos de gordura. Ellos son la corrupción encarnada. ¡Maldita encarnación! Los honorables de este sistema infectado pululan como piojos en la sucia cabellera de un mundo indiferente. La corrupción se ha metido en el palacio, en la corte, en el juzgado, en el congreso, en fin; hasta en la iglesia. Pero, es obvio, el religioso pondría el grito en el cielo, y diría:

_ "¡Corrupción! ¿También aquí?"

Si, también allí, en la sacristía, en la casa parroquial o pastoral, en el convento, en el monasterio, en el seminario, en el altar y llega al confesionario. ¡Todo se ha contaminado con el infernal virus de la corrupción! ¡Quisiera gritar la decepción de un alma ingenua! ¡Quisiera cerrar los ojos para no tener ante mí esa pudrición rampante! ¡Qué ironía, madre del alma! ¡Que las instituciones que están puestas para sanar están podridas! ¡Es inaudito, es increíble, es sorprendente! Donde teníamos puesta nuestra confianza nos ha defraudado. ¡Hasta un recién nacido tendría que hablar! ¿Qué diría? Sencillamente diría: _ **"¡Corrupción! ¿También aquí?"**

— 33 —

¡Pamplinas!

¿Será que nos anestesian? ¿Por qué no nos damos cuenta cuando alguien nos adormece con su palabrería? ¡Como si no hubiera nada que hacer! Hay seres que son expertos quitamotas; esa es su destreza sobresaliente. Pero en la vida hay, y creo que debe haber, de toda clase de gente. Los infortunados somos aquellos que padecemos de apnea del sueño de la vida; y nos vamos durmiendo y durmiendo, hasta que somos anestesiados con los halagos y la babosería del hablador. ¿Qué nos ha comunicado? ¡Nada! ¿Cuál es la esencia del discurso? ¡Ninguna! Entonces, ¿qué nos ha dicho? Lo gritaré: ¡pamplinas! ¡Solamente pamplinas!

¿Ha caído usted en las garras de un respetable señor del cual no puede escapar por muchas pamplinas diga? ¡Yo sí! ¡Cuánta desesperación produce! ¡Qué ansiedad nos causa! ¡Y tenemos que estar ahí para no ser groseros o lucir irrespetuosos! ¡Cuántas agonías he pasado, sin remedio! Nadie ha venido en mi auxilio, nadie se ha compadecido de mí. Al contrario, pasan de lado, evitando ser ellos las próximas víctimas; y he tenido que recibir una sobredosis de piropos mal ensayados. ¿De piropos mal ensayados? ¡Pamplinas!

¿Cómo está usted hoy, amado? Y en mi pensamiento exclamo: "¡ay de mí!, ¿quién me librará de la tormenta venidera? Hay seres que, queriendo congraciarse con los demás, logran exactamente todo lo contrario. ¡Los vemos, y les damos derecha! Pero ellos juran que son cicerones vivientes, tienen complejo de que son clones de Demóstenes, réplicas de los más grandes oradores. Pero son unos miserables ignorantes que resbalan en su propia baba, pero no tienen la más mínima idea de ello. Sólo piensan, (¡si es que piensan!) en dar coba a todos, en adular, en mentir; con tal de atraer la atención de los demás. Sin embargo, sólo logran impacientar a algunos y enfadar a los más, hasta no tener quién escuche sus letanías; debí decir: sus pamplinas. Sí, porque eso es lo que hablan. ¡Pamplinas!

Sobre los habladores de la vida tengo una teoría. Que conste: no soy sicólogo, ni siquiatra, ni veterinario; sólo expondré altaneramente mi despampanante teoría. Los pamplineros tienen los perros amarraos, en su casa no los dejan hablar. Cuando niños recibieron muchos tapabocas, en la escuela, levantaban la mano y el maestro no los reconocía; y ahora de adultos, en casa no los dejan hablar. No los dejan hablar porque los conocen y saben lo que producen. **¡Pamplinas!**

— 34 —

¡Retazos!

¡Permítanme, aunque sea suspirar, pues ya no puedo gritar! ¡Estoy patidifuso en un rincón de la vida! Estoy consumiendo la escurraja de mi existencia. El fin de mi jornada se acerca galopante. Meto mi dedo en la copa tanteando la medida de mis días. Queda poco. No logro descifrar el menudo que aún queda en el bolsillo de mí vivir. Voy a tientas mendigando trozos de una felicidad que nunca llega. Al volver el rostro al camino recorrido no se ve cosa alguna, todo está devastado, vacío, sólo yo transito por esta senda raquítica de una vida entrecortada por la tragedia. De lo que me fue entregado quedan suspiros, chispas, boronas. Rebusco el almacén de mis pensamientos y sólo encuentro miseria. Sólo encuentro… ¡Retazos!

Puedo exclamar como el penitente de antaño: _ "Porque perros me han rodeado…" ¡Ellos no se conforman con sus sobras, quieren las mías! Lo que la vida me ha dejado se esfuma como mi escaso respirar.

La ración de vagar que aún acaricio se está acabando, tengo una existencia parcial en un mundo catastrófico. Nadie ha sido generoso conmigo, me dieron lo que quedaba. ¡Quizás llegué tarde cuando repartían la vida! ¡He vivido de retazos!

¿Quién puede decir que ha disfrutado una vida plena y abundante? ¡Qué lo diga ahora sin rodeos! ¿Quién? ¡Contesten! El silencio es patente y elocuente. ¡Nadie! ¡Lo sabía! Todos mendigamos los retazos de los demás porque nadie ha recibido la ración completa de la vida. Deambulamos como armadillos celando nuestras migajas, nuestros retazos.

En la pasmosa incertidumbre de retener lo que nos ha tocado, hemos escogido, como el chacal, merodear por el desierto. Y así vamos, incompletos, demacrados, con la vida hecha jirones. Y en la primera madriguera de locura que encontramos, nos detenemos y ponemos todo, y volvemos a hacer inventario, como el niño que recibe sus primeras monedas. Entonces, al concluir nuestra procesión por las trilladas veredas de la escasez, llegamos al gran total: **¡Retazos!**

— 35 —

¡No hay esperanza!

¡Fórmense todos! ¡Desesperados de la existencia, fórmense! Comenzaremos el concierto en este instante. ¡Gritaremos a los cuatro vientos que no hay esperanza! Tiraremos a tierra todos los ilusionados de la vida. Haremos volver en sí a todos los trepados en el monte de las fantasías. Despertaremos con estruendos a los que duermen en las blanduras de promesas imposibles. Haremos retractar a una humanidad que espera en vanidades ilusorias. Cantaremos la canción del oprimido, del engañado, del vapuleado por falsas expectativas. ¡No hay esperanza!

¡He aguardado demasiado en la sala de espera! ¡Ya no puedo estar más en ese lugar de sopor y fingimiento! ¿Qué he esperado allí? ¡Nada! Porque la esperanza es un espejismo del alma avistado en el desierto del soñar. Todos los que hemos sido condenados a vagar por el laberinto de la decepción hemos llegado por obligación a esa gran sala… para esperar lo que nunca llegará.

¡Dichosos los que nunca esperaron! ¡Bienaventurados los pesimistas de corazón, porque de ellos es el reino del insomnio! ¡Felices los que no comen cuentos, ellos están con los pies en la tierra! Hay un secreto que sólo descubren los que no sueñan: ¡No hay esperanza!

_ "¡Tu caso va caminando!" _ Dice el político que le ha tomado el lado débil al pobre ilusionado. _ "No te apures… tranquilo, que lo tuyo está seguro" – Le dice al otro que viene incauto hasta su altar de coge bobos. Y así, uno por uno, sigue el desfile de optimistas que hacen castillos en el aire. ¿Para qué? ¡Para nada! Porque el engaño sigue y el creyente se va secando; se va secando en su propia desesperanza, en su propio escepticismo. Él sabe que su caso no existe, que lo suyo es lo suyo y a nadie le interesa. Él sabe que ha vivido de ilusiones, de anhelos fallidos. Él sabe que… **¡No hay esperanza!**

— 36 —

¡Estoy en mi mazmorra!

¡No hay motivos para gritar en estas tinieblas! ¡Total nadie escuchará! He sido atosigado en esta tenebrosa prisión, sin cargos, sin juicio, sin sentencia; en fin, un encierro sin sentido. ¿Cómo vine a parar aquí, madre del alma? ¡Quién sabe! Muchas veces construimos formidables cisternas que luego vendrán a ser nuestras propias prisiones. ¿Quién construyó ésta en la cual fallezco hoy? ¡Desconozco! ¡Quién sabe si fui el arquitecto de mi propio encierro! Estoy inmóvil, fatigado, y perezco de frío. Sólo algunas sabandijas de la vida acarician mi sufrir. He caído en las partes más bajas de la tierra. He sucumbido a las bajezas de una existencia sin rumbo. ¡Estoy en mi mazmorra!

Me imagino que, en lo alto, más allá de lo que alcanza mi alucinación, hay un castillo. La mayoría de las mazmorras se construyen debajo de los castillos que nuestros sueños fallidos han construido. Si, allá debe estar ese castillo iluminado, espacioso, acogedor;

y yo aquí exánime, enclaustrado en las sombras de una existencia infernal. En la punta de este iceberg debe haber un "mundo feliz", aunque no sea semejante al descrito por aquel loco anarquista. Allá puede ser que exista algo, pero yo estoy aquí en mi mazmorra.

El aire me falta en este continuo morir. Una humedad asfixiante ha usurpado mi diminuto lugar. Me ha tragado la tierra, pero existo aún. He sido absorbido por mis propios complejos y prejuicios. Aquí el tiempo se ha paralizado, la tierra dejó su aburrido caminar, el sol se fue de viaje sin indicios de volver. La desesperación comienza a entrar y no hay fuerzas para detenerla, no hay salida, ni ingenio alguno que me pueda asistir. Estoy condenado a seguir en esta mugrosa prisión, estoy enquistado a la oscuridad... **¡Estoy en mi mazmorra!**

— 37 —

¡La noche ha llegado!

Mi impotente y tenue voz se ha convertido en un susurro imperceptible. ¡La noche ha llegado! El mundo ha quedado sumido en una densa oscuridad. La humanidad se ha refugiado en las cavernas que ellos mismos han construido. Las tinieblas reinan sobre un mundo adoptado por la ignorancia. Las personas han desaparecido en la penumbra de una noche eterna. Ninguno puede ver a su prójimo. El hombre se ha perdido en una confusión indescriptible. El universo ha perdido toda iluminación y las gentes divagan en una realidad distorsionada. ¡La noche ha llegado!

¡Cesó la claridad! Un inmensurable telón ha caído en el sombrío escenario de una sociedad confusa. Las medres ignoran el paradero de sus hijos, pues se han perdido en el camino tenebroso que le han trazado. Los líderes desconocen el rumbo de su pueblo, se han extraviado en el lóbrego laberinto de su demagogia. Todo es confusión en una noche que había sido presagiada por los siglos. Pero ya está aquí... y ha llegado para quedarse.

¡Se puso el sol! Ha pasado el tiempo de los iluminados. La ignorancia envuelve a un mundo desquiciado. El universo perdió su belleza en las espesas brumas de una humanidad trasnochadora. Sé que estoy aquí, pero no sé dónde. Me he perdido en un confuso sendero que me trazaron. Sé que estoy, pero no sé dónde; pues la noche ha llegado.

¡No se ve el Horizonte! Apenas se pueden ver las borrosas siluetas de las cosas. Sí, de las cosas, porque la gente ha desaparecido tragado por el oscurantismo de su conocimiento. Nadie ve a nadie... todos se ignoran, aunque choquen unos con otros. Todos creen que embistieron alguna cosa y que deambulan solos en un tétrico valle de sombras de muerte. Aquí está, aunque no la vemos... **¡La noche ha llegado!**

— 38 —

¡Qué oscuridad!

¡Qué oscuridad, padre querido! Un entorno tenebroso tiende sus gangrenosos brazos a mi lento morir. ¡Nada se ve! ¡Nada se oye! Sólo palpo una densa tiniebla que penetra mi alma. Esa plaga no culminó en Egipto, me ha alcanzado sin misericordia. El desconocimiento total se ha apoderado de mí y una negrura infernal me mantiene paralizado. ¿Qué podré hacer en esta lóbrega prisión? Esperar con paciencia que la oscuridad llegue a su culminación, que las tinieblas tengan su clímax morboso e inmisericorde en mi existir. Sólo una sensación mortal acoge mi alma. Una sola frase logro mascullar con rebeldía; ¡Qué oscuridad!

Las tinieblas me mantienen incomunicado. No recibo noticia alguna. ¿Quién se acordará de los muertos? ¿Quién osará entrar al oscuro lugar donde existo? ¿Quién romperá la nebulosa burbuja que me aprisiona? Los seres en oscuridad están condenados a la soledad. La soledad es confidente de los que habitan en ese mundo tenebroso. Mundo tenebroso y lóbrego, porque el mundo de luz se me ha quitado, no me es accesible, no sé si existe. Sólo tinieblas cubren mi ser, la oscuridad que había rechazado y combatido, en esa he caído. ¡Qué oscuridad!

Hubo una vez que fue la luz; esa centelleante y fugaz aparición ha desaparecido. No hay vestigios de la claridad ni siquiera en el pensamiento. Todo es tenebroso, tétrico y sin sentido. Estoy sumergido en un agujero negro en el vientre de la tierra y he perdido la noción de todo... de todo. Las tinieblas han invadido el corazón; la sangre, si aún fluye, debe ser brea líquida, petróleo que inflama mi dolor. Todo es sombrío, espantoso y deforme. **¡Qué oscuridad!**

— 39 —

¡Sáquenme de este encierro!

¡No resisto más! Las pocas fuerzas que aún me quedan huyen despavoridas ante la inmovilidad. He sido puesto en estrecho en un lejano e incomunicado existir. Los grillos de mi agónica timidez inmovilizan mi vida. No tengo fuerzas para levantar la vista, me mantendré cabizbajo. Pienso que sería como un choque de trenes encontrar unos ojos escrutadores que miren a mi interior. No siento la más mínima pizca de libertad para enfrentar la vida, estoy inmovilizado por un apocamiento autoimpuesto por la cobardía que me aprisiona.

Sin embargo, no deseo quedar aquí, quiero salir. ¿A dónde? ¡No sé! ¡A cualquier realidad que no sea esta! Pero… ¡por favor, sáquenme de este encierro!

¡Esta reclusión es insoportable! Este calabozo me ha convertido en un ser mustio e incoloro. Me estoy marchitando en el seco tiesto de mi aislamiento. Los terrones de mi espantoso existir está duros como la piedra; como la piedra en que me estoy convirtiendo. Tengo una existencia clausurada. Clausurada por los complejos que me han acompañado por la vía de la tristeza y el dolor. La tristeza y el dolor se han convertido lentamente en mis temidos verdugos. Ellos están ahí, vigilantes, altaneros, crueles. Me han capturado desde… donde escapa mi memoria. La realidad es que estoy en este maldito encierro del cual quiero escapar. ¡Sáquenme de este encierro!

¡Se me escapa el existir! No aguanto más este encierro involuntario e impensado. Jamás trabajaría voluntariamente levantando los muros de mi prisión. Sin embargo, he sido arrojado irresistiblemente en esta galera de muerte. Cada segundo que pasa las posibilidades de libertad disminuyen. Me sigo hundiendo en un mundo incomunicado, en un mundo insoportable, irresistible. ¡Si alguien escuchara mi gemir! ¡Si quedara en la humanidad un alma compasiva! ¡Si este mensaje llegara a alguna playa habitada! **¡Sáquenme de este encierro!**

— 40 —

¡Concédanme el último deseo!

¡Mis días han sucumbido atropelladamente! Mis fuerzas se han desgastado y la noche eterna va llegando. Nada se puede hacer para reiniciar el camino. ¡Ni gritar puedo! Me encuentro frustrado en el cadalso de lo incierto. Los verdugos ya están listos, el hacha del odio y la venganza sonríe al sol tímidamente. Todo mi ser ensaya la danza de los temerosos, mientras un mundo novelero y morboso observa pasivamente la ejecución. Un silencio escalofriante domina en la escena. Un alma ligera de lengua y tarda en pensamiento tira la primera piedra: ¡Procedamos! _ dijo sin aspavientos. Levanto mi mirada fríamente y exclamo: _ ¡Concédanme el último deseo!

Nadie esperaba esa petición, pero era mi derecho. Sabía que al solicitar lo que anhelaba, la ejecución se aplazaría indefinidamente; continuaría mi deambular por esos mundos.

Se me ordenó hacer mi petición, se abrió la puerta que había estado cerrada. Traté de sonreír, pero no pude, y entonces musité lo que deseaba mi alma.

_ Deseo abrasar a mis hijos en este instante y pedirle perdón por ignorarlos; mi trabajo los había sustituido y nunca fui para ellos un padre. _ Denegado, fue el veredicto. Debía, entonces buscar otro deseo en un momento tan triste de mi desgastada existencia.

_ Darles un beso a mis nietos, es mi demanda; pues me iba de la casa cuando sabía que llegarían. _ También este pedir fue rechazado y me desmoroné abrumado por el remordimiento de haber sido cruel con mi propia sangre.

_ ¡Quiero amar, por favor, a alguien odiado! Ya el hacha estaba casi levantada, y volvió a descansar a los pies del impío que la celaba. Tampoco fue aceptada mi oración de penitente arrepentido. Todo estaba como al principio: reo, cadalso y verdugo... y seguiría así por los siglos de los siglos.

El alma despreocupada de los verdaderos tesoros de la vida prosigue su miseria culpando a los demás por impedirle realizar lo que no ha tenido el valor de hacer. Así existo en esta soledad insoportable, pero esperando encontrar más verdugos para suplicarles me permitan hacer lo que en buena lid no hice. Y les miro el rostro impávido y frío para tirarles encima la que ha sido y es mi responsabilidad eludida. **¡Concédanme el último deseo!**

— 41 —

¡No oigo endechas todavía!

¡He muerto y nadie lo lamenta! ¡Qué frustración, madre del alma! La vida ha escapado, y un mundo de espejismos me ha acogido. Algunos asumen que vivo, aunque son pocos. La mayoría me dan por muerto. Muchos pasan junto a mí, y aunque estoy tirado a la vera del camino, nadie me nota. ¡Soy como un invisible! ¿Qué mal habré hecho para que ellos me ignoren? ¡Soy un difunto desconocido en un mundo enajenado!

La mayoría de la humanidad llora sus muertos, pero a mí no hay quien me llore, no hay quien me extrañe. Mis conocidos me desconocen, a mis amigos se les agotó la amistad, a mis amores el odio les ha invadido el corazón. Los poetas no han escrito ni una palabra de elegía, también se hacen los desentendidos. Aunque quisiera llamar la atención no puedo, soy un cadáver maloliente a quien todos rehúyen. Escucho voces lejanas, aunque den voces cerca de mí. Oigo quejas, murmuraciones y bochinches. ¡No oigo endechas todavía!

¡Cuánto anhelo una canción triste! Hay una sociedad fiestera que ignora los que se han ido, pero yo estoy aquí, aunque muerto, y ellos no expresan sus cantos jeremiacos por mí. Nadie llora mi muerte, aunque ellos mismos me han sacrificado. Ni siquiera un "tan bueno que era" he escuchado, he deseado ardientemente un "tan grande pérdida"; pero sólo escucho insultos, vituperios y desprecios. ¡Ni una lágrima, ni un lamento, ni un suspiro! He pasado por un mundo desabrido y frío. Los pocos que ante un finado mascullan una farsa con sus ojos expresan revelan su verdad. ¡Ni tan solo un quejido, madre del alma; ni tan solo un quejido! **¡No oigo endechas todavía!**

— 42 —

¡Ay, mis heridas!

¡Ay, madre del alma, que estoy herido de muerte! ¡Las fuerzas para gritar, me faltan! Tanto tiempo hace que tengo estas heridas, que le he registrado el título de propiedad. ¡Son muchas y dolorosas, pero son mías! Tengo claro en mi memoria quienes me las han infringido, pero las han hecho en mi ser... son mías por derecho propio... ¡Ay, mis heridas!

He sido herido por las lenguas venenosas de cercanos y lejanos. Sangran las que me hicieron mis familiares, que tenían derecho de herirme por ser de la casa. Supuran las cinceladas por mis hermanos y hermanas de religión, porque "tenían que librarme del infierno". Están infectadas las que me infringieron mis compañeros y compañeras de trabajo, porque había que lamerle el ojo al patrono. No importa quién, cómo, dónde, cuándo, ni porqué, me han herido, tengo el alma herida. ¡Son mías, me pertenecen! ¡Ay, mis heridas!

¿Cómo sería la existencia si no estuvieran mis heridas? ¡No me imagino! Desde niño tengo la existencia infestada por las heridas que he sufrido. Las acaricio como un testimonio de que estoy, que soy alguien, que sufro... que existo. Han llegado a ser un amuleto, para sentirme apreciado y ser objeto de lástima y aprecio. ¡Ay, mis heridas!

Las heridas más dolorosas son las que han tatuado en mí los que me aman, me hirieron por amor, y, ¿quién puede reclamar agravio cuando es herido por amor? ¿Será que soy propenso a ser herido, que soy de alma débil y blando de espíritu? Los que me han masacrado tienen una razón gigantesca para hacerlo: ¡no tienen pelos en la lengua! ¡Ay, Padre amado, ¡qué bendición tienen! ¡Los demás tenemos la lengua como un oso! ¡Ay, mis heridas!

Deambulo por tierras áridas dejando las huellas de mis heridas. Gotas de dolor, prurito de resentimientos, cáscaras de úlceras de vida hastiada; es el rastro penumbroso del alma herida en un mundo insensible y quejumbroso. Un enjambre de maléficos insectos va conmigo en mi vía dolorosa hacia la nada. Van conmigo, hacen que hiedan mis heridas... me ayudan a mantenerlas. Sin embargo, me apego a las heridas y marcas que llevo en mi ser, son mías, las soporto y he aprendido a vivir muriendo. **¡Ay, mis heridas!**

— 43 —

¡No curan mis heridas!

¡Gritaré por los que no acaban de morir, aunque muriendo! Esta es una humanidad sajada y moribunda. ¡Cuán masoquista es esta corrompida sociedad! Desde la primera morada hemos sido maltratados, sí, allí dentro ya éramos golpeados y vilipendiados. Al salir de ese charco caemos en otro, en otro mucho peor. Tan pronto anunciamos con nuestro llanto que llegamos, comienza el viacrucis de la existencia. Acá nos esperan expectantes para ver el pergenio que ha nacido. _ ¡Qué mucho llora el engreído! _ así somos recibidos, con la espada en la mano, para infringir las primeras heridas cuando todavía no las podemos resistir. Y, en adelante, ¡prepárate nene, que vas a ser masacrado por tu carcomido mundo! Entonces, el proceso es doloroso, humillante y con un agravante desesperador. ¡No curan mis heridas!

¡A causa de mi dolor la existencia se hace insoportable! He sido herido por amigos y enemigos, he sufrido el flagelo de un mundo cruel e inmisericorde. Nadie tiene miramientos por los demás, cada quién arrima la brasa a su propia sardina. En el afán de sobrevivir, cada uno se le para encima a los otros no importando las heridas que le cause. Esta es una humanidad herida de muerte, este es un mundo moribundo, es una sociedad inevitablemente enferma. No hay médico, ni medicina que pueda ayudar al paciente; no hay sutura, ni antibiótico, todo es dolor, hinchazón y podrida llaga. ¡No curan mis heridas!

¿Quién descubrirá el elixir para sanar heridas del alma? ¿A dónde iré buscando alivio para mi dolor? La dura realidad golpea mi alma: "¡Hay heridas que no tienen remedio!" El pesimismo me ha invadido, un horizonte nebuloso es lo que miro en todas direcciones. Deambulo, como la triste mujer del flujo de sangre, sin encontrar un borde que tocar. Su mal tuvo remedio, su hemorragia cesó y fue salvada. Ese fue su fin dichoso, el mío no ha llegado todavía. **¡No curan mis heridas!**

— 44 —

¡No hay dolor como mi dolor!

"¿No os conmueve a cuantos pasáis por el camino? Mirad, y ved si hay dolor como mi dolor que me ha venido." Estoy matriculado en la escuela de Jeremías, soy su discípulo sobresaliente. ¡Todo mi ser está dolorido! Una profunda aflicción se ha apoderado de mí y no encuentro remedio. No hay cataplasmas que alivien esta tortura. No hay analgésicos para el alma. ¡No hay dolor como mi dolor!

Mi sufrir no tiene igual, es mí sufrir. Nunca podré experimentar, por más que me identifique, la magnitud del dolor ajeno. Sin embargo, mi angustia es agonizante, insoportable. Voy tambaleante por la vía dolorosa, tiemblo afiebrado por mi continuo padecer, siento que voy a desmayar. ¡Cuánto daño he sufrido en esta tierra inhóspita! Mis sangrantes heridas van entesando mi existir, mi alma está paralizada por el tétanos del dolor. ¡No hay dolor como mi dolor!

¡Qué infernal sensación, madre del alma! ¡Si muriera, qué feliz sería! Una intensa aflicción azota mi zozobrante y maltrecha barca. Me estoy hundiendo en un congojoso abismo, sin ancla, sin esquife, sin salvavidas… sin remedio. No encuentro un mísero paliativo que alivie mi existir. Me estoy secando de dolor y me duelen las entretelas de mi alma. De ninguna parte llega auxilio, todos están sordos a mí delirar…y aún no muero. Una gran oscuridad me ha abatido, siento que la muerte me va anestesiando, pero el dolor persiste en su máxima expresión. ¡Qué bien por los muertos; para ellos se acabó este pasmoso sufrir! Pero no para mí, el mío sigue como el anochecer sin luna. **¡No hay dolor como mi dolor!**

— 45 —

¿Dónde está la alegría?

Veo al pasar los rostros macilentos de una humanidad sombría. Las caras largas de cuantos deambulan por las sendas tenebrosas de esta tierra son un retrato elocuente de lo que hay en su interior. Este es un mundo triste y amargado. Nada de la cargada agenda de esta voluptuosa humanidad le trae placer. El ser humano se tambalea atolondrado buscando aquí y allá alguna cosa que satisfaga su profundo vacío; pero continúa su búsqueda infructuosa y sin sentido. ¿Dónde está la alegría? Es la gran interrogante del hombre de nuestro tiempo. Nadie puede contestar, pues todos van tras algo perdido en las profundidades de insondable mar del sufrimiento.

¡Quisiera gritar para que el mundo despertara! Esta sociedad taciturna se ha acomodado en el diván de la amargura, allí pernocta la interminable noche de la melancolía. Si alguno despierta, lleva en su ser la pesada morriña de la congoja. Nadie ríe, nadie canta, nadie hace manifestaciones de júbilo; todo transcurre en un teatro de tragedia y fatalismo. Pero, lo peor de todo es que la humanidad se ha habituado a un existir carente de alegría; esa es la angustiosa realidad que todos viven. ¿Dónde está la alegría?

El hombre abandonó la búsqueda. Había ido a todas partes: teatros, cines, bares, parques de diversiones, museos, ventorros de mala muerte, pocilgas de bacanales, etc., etc. En ninguno de esos lugares encontró la alegría, ella no estaba. También frecuentó lugares de esoterismo; consultó adivinos, asistió a templos y en ninguno de ellos encontró la alegría que deseaba. Nos ha tocado existir en un mundo contaminado por la amargura y la tribulación; la pena se respira en todas partes, el aire apesta por la angustia de un mundo descompuesto.

Después de abandonada su búsqueda, el hombre paga intermediarios con la imposible misión de encontrar el elixir de la existencia. Cómicos, payasos, pasos de comedia, bochinches, chismes, etc., etc. Toda gestión fracasa, la alegría se ha escapado sin dejar rastros ni huellas. Es un secreto a voces que se fue despechada por una sociedad malhumorada, por un mundo desabrido. Se alejó para siempre. ¡Qué tragedia! ¡Qué locura! **¿Dónde está la alegría?**

— 46 —

¡Qué tiranía!

Existo en una sociedad oprimida por la mediocridad, ella nos avasalla, nos doméstica, nos embobece. Nada positivo descuella; ni un solo ser humano, de los pocos que aún quedan, sobresale en este imperio nivelador de voluntades. Todos, como autómatas, reverencian el abuso dominante de esa cruel tirana. La mediocridad se sienta en el asqueroso trono de la complacencia. Hay un mundo servil que no aspira a lo sublime; es una humanidad rastrera que no levanta la cabeza. ¡Qué tiranía!

La plantación está alicaída, los dóciles siervos deambulan entre los raquíticos frutos cosechados por una multitud anémica. Esa multitud anémica es homogénea, sólo esclavos ladinos amansados por la mediocridad son admitidos. Es una caterva de zombis amaestrados. Nadie se excita; ninguno se propone metas, todos han aceptado pasivamente el despotismo de la mediocridad rampante. ¡A lo que hemos llegado, madre del alma! ¡Qué tiranía!

Esa emperatriz que gobierna por sus fueros tiene a todos cabizbajos; nadie se aventura a caminar con el cuello erguido, nadie levanta la vista. ¡La mediocridad impera sin oposición! Cada obra, cada embeleco, cada construcción, lleva pasmosamente el sello de la mediocridad. Es las aulas todos se consuelan cargando los bártulos de quien es su majestad. Los que enseñan se han amoldado a un nivel enano y complaciente. La influencia descomedida de la mediocridad es evidente en un mundo sin horizontes. Este descolorido sistema de cosas se arrastra por las cloacas de la chapucería. Esta es una sociedad de baja calidad que no aspira a nada. Todo va de mal en peor, todo se inclina al mal. Hay un gentío oprimido por la dictadura de una implacable vulgaridad... todo es de calidad inferior tirando a malo. **¡Qué tiranía!**

¡Recojan los pedazos!

_ "Recoged los pedazos…" _ fueron las palabras del maestro galileo después que la multitud se hubo saciado. Sobraron pedazos de los panes y los pececillos que había traído un muchacho de los que seguían al rabí. De ese incidente han pasado cerca de dos mil años, sin embargo, urge un nuevo mandato, es necesario escuchar hoy el eco milenario de aquel grito:
_ "¡Recojan los pedazos!"

La contradicción es evidente: Allá había una multitud saciada, acá una humanidad hambrienta; en aquella ocasión eran pedazos de panes y peces, en esta, los desechos de una sociedad descompuesta. ¿Quién intentará recoger los pedazos? No hay canastas que puedan acoger el fraccionamiento total de este descuartizado mundo. ¡Todo está hecho pedazos!

¿Quién dijo que en este desarticulado desierto hay alguien íntegro? Esta es una sociedad hecha pedazos compuesta de personas hechas pedazos. Este mundo es un inmenso rompecabezas cuyas piezas están esparcidas por todo el universo. ¿Quién osará montar el rompecabezas? Los ingredientes de la personalidad se esparcieron cuando hizo explosión la maldad. Lo que vemos son los trozos de lo que una vez fue un hombre de una sola pieza. ¡Cuánto deseo lo que una vez fue! ¡Recojan los pedazos!

¡La familia está hecha pedazos! Es el grito desgarrador de los que añoramos el paraíso perdido. El matrimonio está pasando de moda, la familia se considera una vieja tradición; cada uno pasa por la existencia con algunos ingredientes de lo que era completo, todos viven a tiempo parcial. En medio del gran apagón moral de la hora presente cada uno agarra lo primero que aparece para añadir un pedazo a su existencia. Todos echan mano de algo; sea persona, animal o cosa, no importa; la cuestión es no estar solo. ¡Qué barbaridad, madre del alma!

¡Las naciones están fragmentadas! ¡Los pedazos de los pueblos de la tierra están esparcidos por todo el universo! ¡El valle de los huesos secos es un edén al lado de esta sociedad desintegrada! ¡No hay quién profetice vida e integridad a un mundo en cantos! Las partículas de lo que una vez fue una humanidad en pie están regadas por los caminos donde ya no hay morador. ¡Qué desolación! **¡Recojan los pedazos!**

— 48 —

¡Mercaderes!

Aunque sin fuerzas, el ánimo me incita a gritar contra los mercaderes del templo. ¡Este mísero mundo se ha convertido en una lúgubre cueva de ladrones! Todos venden de todo y a todos. ¡No hay respeto en este ilícito mercado de pulgas! Somos marchantes en este atropellado mercado de liquidación. ¡Estamos puestos en venta especial! Llevamos un destartalado anuncio: *Se vende y se compra de todo.* ¿Quién no vende a quién? El esposo a la esposa, la madre a la hija, el tío al sobrino, el nieto al abuelo, etc.; todos succionados en un torbellino de especulación sin precedentes. ¡Mercaderes!

Hay caudillos que venden los pueblos y hay pueblos que rematan sus líderes. Unos son explotadores y los otros aprovechados. Todos creen que son expertos en mercadotecnia y continuamente inventan tácticas engañadoras. En ese mercado inmoral deambula una humanidad hipotecada. ¡La garante es la conciencia! Se ha hipotecado para extender esa guerra mercantilista.

No hay escrúpulos, todo se vale; la expectativa es quién engatusa más hábilmente a quién. ¡Mercaderes!

_ "¿Qué quieres ser cuando crezcas?" _ "¡Un mercader quiero ser!" _ Es la letanía hogareña en todo el orbe. Nadie desea ser médico, ni maestro, ni mecánico de autos; todos quieren entrar a la competencia... todos quieren sobresalir en un mundo dominado por las ventas. Para donde quiera que se mire hay una transacción en progreso; viejos, jóvenes y niños; negros, blancos y amarillos; de todas las clases y de todas calañas. Pasamos por esta tierra como quien atrecha por el mercado para avanzar a la siguiente calle; pero es una travesía histérica, de pesadilla... interminable. Todos te gritan sus bagatelas, quieren atosigarte sus chucherías; quieren que compres algo, aunque pagues con tu alma. **¡Mercaderes!**

— 49 —

¿Por qué, Señor?

Esta vez, levantaré mi voz al infinito, más allá de las estrellas. Cuestionaré, como el patriarca sarnoso, las inconsistencias de este trágico existir. Preguntaré lo que nadie pregunta, aunque quisieran una contestación. Me atreveré, aunque con blanda cerviz, pedir respuesta al que todo lo sabe. ¡Son tantas las cosas que no entiendo! De algo estoy seguro, todas mis interrogantes deben tener contestación.

¿Por qué muere un niño al momento de nacer? ¿Por qué muere una madre mientras da a luz una criatura? ¿Por qué nace un niño con impedimentos que lo condenan a sufrir el resto de su existencia? ¿Por qué una madre le quita la vida a su hijo al momento de nacer? ¿Por qué nacen niños que no tienen qué comer? ¿Por qué, Señor? ¿Por qué?

¿Por qué los que se aman se llegan a aborrecer? ¿Por qué un esposo, después de vivir juntos por varios años, le da muerte a su mujer? ¿Por qué un padre biológico aplaca su lujuria con la hija que vio nacer? ¿Por qué un hermano hace vil a la niña que nació del mismo vientre que él? ¿Por qué un padre enfermo toma un hijo por mujer? ¿Por qué una madre a su hijo ha de seducir? ¿Por qué un hombre le es infiel a la mujer que le es fiel y en toda circunstancia le ama? ¿Por qué señor? ¿Por qué?

¿Por qué tanta enfermedad que agobia el vivir de los creados? ¿Por qué tanto virus, bacterias y gérmenes en un mundo contaminado? ¿Por qué la maldad viene en el paquete al nacer el mortal? ¿Por qué la impunidad impera, no importando los delitos ni injusticias? ¿Por qué, Señor? ¿Por qué?

¿Por qué por una bagatela un ser le quita a otro su vida? ¿Por qué por el dinero se comenten los delitos más horrendos? ¿Por qué el hombre se envicia con hábitos sin sentido, aunque estos a la tumba lo han de llevar? ¿Por qué lo que se ha hecho para ayudar a vivir mejor, se convierte a la larga en nuestro destructor? ¿Por qué las comodidades que hemos adquiridos nos llevan a enfermar? ¿Por qué hay tantas preguntas que carecen de contestación? **¿Por qué, Señor? ¿Por qué?**

— 50 —

¡Qué pequeño soy!

¡Cómo queda reducida mi ilusoria grandeza en un minuto! Nos empeñamos infructuosamente en mantener ardiendo el pábilo de nuestro menguado orgullo, hasta que alguien o algo nos empuja de esa insignificante nube. De pronto, todo a mí alrededor comienza a crecer, y yo, encogido por las circunstancias y el qué dirán, quedo como una pequeña miniatura en un mundo gigante. ¡Qué pequeño soy!

Deambulo en un vasto universo donde carezco de significado. Aquí, allá y más allá, es lo mismo; soy la más pequeña partícula de un todo. ¡Gritaré lo diminuto de mi ser!

Si rodando por ese mundo vacío percibo algo que parece tener vida, nada cambia el significado de mi reducida personalidad. Recibo, una intermitente sensación de ser pisoteado, y cuando intento proseguir mi peregrinación sin rumbo, me veo más reducido con relación al universo que me comprime. ¡Qué pequeño soy!

En el escenario donde actúo nada hay más pequeño que yo. Los ruidos que puedo distinguir son ensordecedores. Es imposible proseguir sin enloquecer. ¡Nada puedo hacer para evitar este proceso de disminución en mi existencia!

En el mercado de pulgas donde existo soy el menos valioso de los objetos. Mi menguada existencia se ha devaluado, nadie osaría pagar un centavo por esta diminuta existencia; soy insignificante.

¡Ay, madre mía!, ¿por qué vine sin ser deseado, ni llamado? ¿Por qué me siento existir si no soy notado? Apenas me distingo de la nada, el vacío está lleno sin mí. ¡Cuántos gigantes me rodean, y yo, sin poder llamar la atención a nadie, desaparezco sin pena ni gloria! **¡Qué pequeño soy!**

— 51 —

¡Creí saber!

¡Desdichado de mí, creí saber la razón de mi existencia! Desconozco qué hago en este paraje peligroso y solitario. Cada objeto, me es desconocido, aunque veo, no alcanzo a reconocer ni distinguir color ni forma, he venido a ser también como una cosa. No sé si soy real o imaginario, aunque creí saber.

Creí saber hacia dónde iba, a qué lugar me llevaba este existir tortuoso. Delante de mí hay una densa oscuridad que obstruye la más aguda expectativa de rumbo. Creí saber en qué dirección navega mi alma herida, pero sin resultados. Me invade un total desconocimiento, una brutalidad insondable, una torpeza inmensa. ¡Creí saber!

Creí saber que había una luz que alumbraba el camino del que vaga sin rumbo, pero todo se ha tornado confuso y ambiguo. Muchas luces forman un espejismo en la niebla de este valle sombrío y desarticulado. Todo está borroso y traspuesto, el esfuerzo para descifrarlo es infructuoso. Una ineptitud sin límites me ha abrumado y no puedo tener conocimiento alguno.

Soy un pagano inculto dentro de un mundo desconocido. La ignorancia es mi aliada y me apoyo en sinrazones de un demente descarrilado. Creí saber una pizca de alguna cosa y el diagnóstico es que soy un soquete sin remedio. No alcanzo a comprender las formas grotescas que me acorralan en esta inmensa locura que respiro, miro alrededor y todo es confuso e indescifrable. Soy el gran tonto del camino y todos lo saben... menos yo.

Creí saber por cuánto tiempo purgaré mis penas, pero llevo una eternidad recorriendo la misma dolorosa trayectoria y me parece estar varado en el inmenso océano del suplicio sin fin. Desconozco el veredicto, pero las penas me rodean y los verdugos se multiplican para aumentar mi dolor.

¡Oh, si alguien tuviera piedad y encendiera una luz en esta profunda oscuridad en que he caído! Un vacío tenebroso me ha abrazado y no encuentro salida en este lodazal cubierto de tinieblas. Mi existir sólo fue un espejismo, una quimera... **¡Creí saber!**

— 52 —

¡No más plegarias!

¡Estoy cansado de gritar! Grito al infinito, reclamo a lo insondable, ruego a las alturas y no hay respuestas. ¿Quién sabe si alguien oye? La incertidumbre me devora, me desalienta, me susurra sus pensamientos perturbadores. ¡No más plegarias! ¡Qué desilusión!

He olvidado mis devociones mañaneras, estoy encallado en los arrecifes de la incredulidad. Mi voz entrecortada trata de colarse entre los suspiros de desesperación que salen a borbotones de la fuente de desconfianza en que estoy sumergido. ¡No pido más! ¿Qué he recibido a cambio de mis preces? ¡Nada!

¡Tengo recuerdos truncos de oraciones fugaces! ¿Qué esperaba después de derramar mi existir ante lo incomprensible? En la búsqueda de respuestas que nunca llegaron, una tenebrosa frustración arropaba mi gélido ser.

¿Será posible que alguien escuche al otro lado? ¡Quién sabe!

¡Cuántos altares están mojados con el zumo del alma! ¡Cuántas losas gastadas por los mendigos de paz! ¡Cuántos rincones de viejas capillas callan los secretos del alma desesperada! ¡Cuántas veces he gritado hasta esperar, aunque sea, un susurro espiritual! Pero, nada se oye. Mi alma entumecida percibe sólo un silencio sepulcral que llena todo el entorno.

¡Ay, madre del alma, cuántos ruegos enviados por el correo invisible, que presumo nunca han llegado a su destino! Cada tarde me asomo a la ventana de la esperanza para ver si llega mi respuesta… sólo alcanzo a ver nubarrones oscuros que nada traen.

Rebusco en el almacén de mis súplicas y nada queda. Se han agotado mis raquíticas oraciones del amanecer. Debo cerrar la tienda de la esperanza. No fingiré que queda inventario alguno. Le pondré trancas que presagien lo definitivo de su clausura; y frente al establecimiento de lo que fue una central de comunión, llevará un gran letrero en letras grises: **¡No más plegarias!**

— 53 —

¡Apenas puedo gritar!

¡Estoy exhausto! Sólo un susurro sale de mi ser cuando intento gritar al infinito. Mi aliento se va gastando paso a paso. Mis menguadas fuerzas van zozobrando en el océano de la soledad y la desesperanza. ¡Apenas puedo gritar!

¡Ya no grito más! De aquel ensordecedor rugido sólo queda un tenue aullido como el de un lobo herido de muerte. Mi voz se va apagando como una lámpara que no le queda aceite. Ya mi voz es un gemir lastimero.

¡Si pudiera volver a gritar como en aquellos días! El recuerdo de aquella gesta me deja sin fuerzas. ¡Si pudiera resurgir como el ave fénix! ¡Si mis vestigios resurgieran de las cenizas de la esperanza! ¡Si mi voz resucitara a una nueva vida! Entonces, volvería por mis fueros a arremeter contra este sistema de cosas desviado y corrompido.

¡Mi clamor se está muriendo! Trato de gritar y sólo un suspiro apagado sale de este campo de batalla destrozado.

¡Ay, Fela de mi alma, no puedo imaginar que haya gritado en vano hasta agotar mis fuerzas! ¿Quién sabe dónde haya llegado el eco de mis gritos? ¡Desconozco! Pensaba que era el paladín de los desvalidos, los postergados y los tímidos... ¡Bah! ¡Tiempo perdido!

Al reconocer mi silencio el universo parece enfadarse. La turbulencia azota la expansión negruzca. ¡La quietud es espantosa, el silencio es sobrecogedor, y yo indefenso... apenas puedo gritar.

Una fuerte tempestad parece avecinarse. Estoy atolondrado, siento que el suelo me llama. No puedo discernir lo que sucede, pienso que siempre fue lo que acontece, pero mis gritos no dejaban descollar la canción del universo moribundo. Extasiado en la penumbra mis ojos se niegan a mirar... y yo muriendo a un ayer estruendoso... **¡Apenas puedo gritar!**

— 54 —

¡Estoy perdido!

El camino por donde deambulo es escabroso y avasallador. Veo zarzas por doquier, no hay avisos, ni luces; sólo una oscuridad aterradora que enloquece. Una vereda intrincada es mi sendero, me enredo en los zarzales de mi mente y caigo sin sentido en un pavimento pedregoso y torturador. La densa neblina del entendimiento apenas permite ver donde caigo, sólo siento mi impotencia, mi rigidez, apenas puedo ver por donde pueda seguir. **¡Estoy perdido!**

¿A dónde iba? Apenas recuerdo si iba o volvía... no sé. Una pasmosa melancolía me ha petrificado, no me muevo en este viacrucis indescifrable. Siento como si en mi interior un río de arena se desbordara, una sensación escalofriante me ha invadido; las coyunturas se aflojan y un pavoroso desmayo ha venido a tomarme en sus brazos.

¡Qué tenebroso es el cortejo que me conduce a lo desconocido! Voy acompañado de cosas sin rostro, sin expresión alguna, sin ademanes; flotando en la nada. Tengo una hemorragia de pensamientos que, vertiginosamente me desgana la mente; pierdo el sentido de dirección. No sé si me salí de la ruta, no sé si estoy en ella, o si existió camino alguna vez. **¡Estoy perdido!**

Mi desorientación es febril, siento como una dolorosa infección en el alma. No reconozco a nadie, he extraviado la senda de los que viven. En ocasiones, un ensordecedor ruido me atormenta en este lugar oscuro de mi despiste. Me siento arrastrado por el impetuoso río de la desorientación. Estoy indefenso ante este doloroso caos. **¡Estoy perdido!**

¿Habrá algún iluso que piense que va a alguna parte?

PARTE III

Un destello en el orbe

— 1 —

¡Tengo una pequeña sensación!

¡Todo el orbe está envuelto en una espera infinita! Todo apunta a un espantoso desenlace. Dentro del dolor constante de mi ser hay latidos de algo inusitado. Tengo un cosquilleo que no sé si es comezón o paz… no puedo explicarlo. Tengo una pequeña sensación, así como mirar hacia afuera por un diminuto agujero en una celda oscura.

Hay en mi ser enjuto y desabrido un presentimiento indescifrable, un sueño pesadilloso de que algo va a suceder, que se acerca un desenlace. En medio de un mundo oscuro y desesperado cualquier presagio es premonición de calamidades y hecatombes. Yo me niego a sucumbir ante la oscuridad, me aferro a aquella diminuta corazonada, no perderé lo que no poseo.

Tengo una pequeña sensación que no alcanzo a entender. Mi ser insensible se niega a reconocer la posibilidad de un rayo de luz en tan densa oscuridad.

Pero, no puedo negar que algo diferente aparece en un universo tenebroso, es como el presagio de un fin inesperado y sorpresivo.

Mi alma, que ya no puede gritar, sucumbe ante la expectativa de un final apocalíptico. Sin fuerzas y arrastrado por la corriente de la desilusión me acerco a aquella microscópica premonición. ¿Habrá posibilidad de un veredicto en este juicio interminable de mi desvarío? Tengo una pequeña sensación de que estoy cerca de un estrepitoso final… y lo deseo, porque no soporto más este vagar del alma.

Entre las nubes tempestuosas se ve una pequeña señal de claridad. ¡Ay, padre querido, que lo sea! Agonizo en este infestado suelo donde soy rehén de la desesperanza. ¡Necesito donde sujetarme! ¡Deseo desesperadamente un soporte, una mano… aunque sea **una pequeña sensación!**

— 2 —

¡Se ve un cocuyo!

Entre las nubes tempestuosas se ve una pequeña señal de claridad, algo así como un pequeño e insignificante cocuyito. ¡No es para tanto! ¡No me haré de ilusiones en esta selva tenebrosa! Pero el cocuyo parece moverse, y en medio de un universo inerte esa es cosa grandiosa y significativa. ¡Algo se ve en medio de la nada insondable y oscura!

¡Se ve un cocuyo! Es el pensar de mi alma inmóvil. ¿Pensar? ¿Qué dije? No sé realmente si es el revolotear de mi ser en mi pensar. Pero, hay una posible realidad adelante, allá lejos, en lontananza… que parece renacer como un cocuyo en medio de una noche sin luna.

Lo que aparece a lo lejos llama la atención del firmamento tenebroso. No se puede llamar luz, porque la luz hace huir indefectiblemente la oscuridad y lo que apenas veo es una tímida claridad en un universo empañado.

¡Cocuyo o luciérnaga, da igual! Es apenas algo casi imperceptible en el sinfín del firmamento. Siento como si pudiera, algún día, llegar a esa pequeñísima luz; pero, como en una pesadilla, se va alejando al lento movimiento de mis pasos.

La densa oscuridad en que está el orbe se enfrasca en recia batalla contra aquella diminuta realidad. Prosigo en mi pausado movimiento, con ínfima esperanza de que me acercaré a la pequeña, y creo que imaginada luz. Se ve como el recuerdo cimero de un tizón que está a punto de ser mojado. ¡Ay, madre del alma, que pueda llegar allá!

— 3 —

¿Hay alguien ahí?

La noche me ha borrado. Yo sigo el reflejo de lo que imaginé era una luz, un diminuto punto de claridad en medio de la nada pintada de negro. Mi ser se estremece con el incauto pensamiento de que debe haber algo más allá. Apenas puedo susurrar; pero me sale un desesperado grito que consume las pocas fuerzas que aún tengo: ¿Hay alguien ahí?

Un silencio espantoso es la respuesta a mi desesperada interrogante. Me había hecho la ilusión de que no estaba solo en el penumbroso paisaje de mi existencia. Creo que los ilusos, en algunas ocasiones, atraen la realidad que han soñado. Esa nebulosa máxima, esta vez, no se ha cumplido. ¡He sido un ingenuo y fantasioso fracaso!

¿Hay alguien ahí? Pienso que, si hubiera alguien, tendría dos alternativas: callar o responder. Sin embargo, cuando lo infinito opta por callar, nos precipitamos vertiginosos por el abismo de la duda. Lo desconocido nos tortura, nos afiebra, y se nos muere la fe.

¡Qué agonía, madre del alma, no saberse respondido! Una pálida pizca de credulidad había brotado en el árido suelo de mi tortuosa travesía. ¡Pero se ha desvanecido! Cuando esperamos una respuesta, la que sea, y no aparece, la esperanza, si alguna, se desvanece, y la incertidumbre nos recoge en sus tenebrosos brazos. ¡Estoy detenido en los umbrales de la desconfianza!

¿Hay alguien ahí? Esa es la interpelación del alma herida a la basta nubosidad del orbe. ¡Dichosos los que han alcanzado una respuesta certera! Esa no es mi suerte, nadie responde, sigo esperando. Cada unidad de tiempo, que tiene trasunto a eternidad, exhalo mi grito desesperado: **¿hay alguien ahí?**

— 4 —

¡Creo que alguien escucha!

¡No puedo gritar, intentaré creer! ¡Creo que alguien escucha! Volveré a la difícil tarea de confiar, aunque me estrelle en el Gibraltar de la decepción. Una diminuta señal de credulidad ha aparecido en la borrascosa tempestad en la que mi fe ha naufragado. Veo residuos de naufragios por doquiera, y yo, agarrado a una astilla de lo que me habían vendido como embarcación segura, estoy a punto de sucumbir. Pero… ¡creo que alguien escucha!

La pequeña luz que había creído ver no se ha borrado aún. En mi febril alucinación me hago de la idea de que, si hay una luz más allá de mí, alguien la debe haber encendido, alguna insondable razón la hace estar allí. Trataré de avanzar hacia ese lugar añorado, pues, apenas podré ser escuchado si por ventura alguien percibe mi gemir.

Apenas puedo ver lo que mi ser piensa que hay. Sin embargo, asumo que está allí y que alguien puede escuchar.

¡De pronto me ha invadido una tenebrosa realidad! ¿Qué he de gritar si hubiera alguien allá y me escuchara? Lo que me han enseñado que diga no es precisamente lo que quiero decir. No quiero gritar: amantísimo…, ni Padre…, ni ninguna otra letanía similar; quiero gritar lo que siento en medio de esta sombría realidad de mi desdicha.

Si alguien escuchara, le diría que estoy a punto de desmoronarme, que voy vagabundeando por los laberintos de la incredulidad, que zigzagueo por los escabrosos caminos del creer, en fin, que me urge un encontronazo con la realidad eterna que no alcanzo a descifrar. ¡Quién me diera que pueda tener la certeza de que realmente alguien escucha!

— 5 —

¡Quién sabe si . . .!

¡Apenas puedo gritar! Sin embargo, quién sabe si ... más allá, donde imaginé haber visto una pequeña luz, un lánguido cocuyo; allá, más allá de mi alcance, ¡haya alguien que escuche! ¡Quién sabe si ...lo inalcanzable para mí, pueda alcanzarse! ¿Quién sabe si esa luz es imaginaria o real? ¿Quién lo sabe? ¿Quién?

¡Quién sabe si ...esa, que creo, pequeña luz está más cerca de lo que imagino! ¡Quién sabe si ...lo que pensé imaginado es más real que mi propia existencia! ¡Quién sabe si ...esa pequeña luz es mucho más grande de lo que he pensado! ¡Quién sabe si ... esa luz alumbrará mi oscuro pensamiento! ¿Quién lo sabe? ¿Quién?

¡Quién sabe si ...he vagabundeado por ignorar la presencia de aquella luz! ¡Quién sabe si ...he vivido en tan desesperante oscuridad por haber tomado otros rumbos! ¡Quién sabe si ...he visto podredumbre y maldad por tener la vista hacia abajo e ignorar la luz que ha estado arriba! ¿Quién lo sabe? ¿Quién?

¡Quién sabe si …aquella luz pueda dar vida a mi continua muerte, como el sol da vida a la natura! ¡Quién sabe si …no soy tan bajo como me he creído y aquella luz me muestre algo mejor! ¡Quién sabe si … aquella luz, que imagino tan pequeña, pueda iluminar el universo entero! ¡Quién sabe si …alguien pueda escuchar desde esa luz y mostrarme el camino que he extraviado! ¿Quién lo sabe? ¿Quién?

¡Quién sabe si … hay vida más allá de la muerte; y la muerte es el acceso inexorable a esa luz que apenas veo! ¡Quién sabe si … hay un alguien todopoderoso e infinito detrás de ese cocuyo que mi razonamiento empequeñece! ¿Quién lo sabe? ¿Quién?

¡Quién sabe si … el sufrimiento y la miseria desaparezcan al ser alumbrado por la luz que sigue allá en la lejanía! ¡Quién sabe si … con mi vivir había convertido mi mundo en un páramo sombrío, habiendo otro fecundo y maravilloso! ¿Quién lo sabe? ¿Quién?

¡Quién sabe si … la onerosa carga que llevo acuestas desaparecerá ante el leve resplandor que está delante! ¡Quién sabe si … mi nublada mente reciba luz al acercarme a ella! ¡Quién sabe si mi mustio y lúgubre universo sea revivido por esos destellos de allá!, del allá que parece inaccesible! ¿Quién lo sabe? ¿Quién?

¡Quién sabe si ... soy más fuerte de lo que he pensado, porque he vivido lejos de la fuente de poder! ¡Quién sabe si ... valgo más de lo que he especulado, porque deambulo lejos de lo que da valor! ¡Quién sabe si ... mis problemas y penurias no son tan grandes, y es que me he alejado de la verdadera solución! ¿Quién lo sabe? ¡Quién?

— 6 —

¡Veo una ciudad iluminada!

¡Aunque apenas me muevo, me he acercado a la luz! Siento que la luz que está adelante emana fuerzas curativas. Recobro fuerzas y cordura ante el resplandor que veo allá. Todavía lo veo allá, aunque más cerca. ¡Oh, si pudiera alcanzar el remedio para mis tinieblas! Allá hay un espejismo, un pensamiento, una quimera. ¡Sueño que veo una ciudad iluminada!

¡Estoy atascado en el fanguero de un dilema existencial; no sé si el resplandor que veo es real o es producto de un espejismo en el desierto en que he vagabundeado! ¡Que sea real, madre del alma! ¡Cuánto deseo que acabe esta agonía!

La luz que veo allá se acerca y se aleja a intervalos. Siento como si la vida me entretuviera en el columpio del tiempo. Las fuertes olas del penumbroso mar de la duda me mueven a su antojo en el epílogo de mi travesía. ¡Cuándo terminará esta batalla, Dios amado! ¡Parece incierto el final de este dolor!

Mi alma se ha enredado en una dolorosa disyuntiva: no alcanzo a entender si me acerco a la luz, o si es ella que viene hacia mí. El tiempo transcurre y la presencia de aquella luz parece ir tomando forma. Desde lejos parecen grandes círculos luminosos que se bifurcan en destellos. Me parece ver como una película borrosa tomada con una cámara de poca calidad. Sin embargo, allí está aquel espejismo haciéndose real en mi universo surrealista.

El discurrir por el camino doloroso de mi existir parece llevarme al encuentro de lo que semeja a una ciudad fantasmal. Parece una ciudad, pero no me haré de ilusiones; de ellas me he alimentado en mi circunvalar por la existencia. ¡Ay, madre del alma, si fuera real la quimera que está delante! ¡Quisiera decir que es un milagro, pero he dejado de creer que suceden!

Me acerco anonadado a lo que puedo contemplar en lontananza; me parece ver una ciudad iluminada. La pequeña luz que había divisado se ha transformado en una esplendorosa ciudad. ¡Una ciudad iluminada! Espero que no sea otro espejismo, otra quimera, una fantasía más en mi recorrido por la vida. ¡Ay, Padre del alma, que sea verdad!

La ciudad está suspendida en la nada, no veo entradas, ni caminos, ni senderos. ¿Cómo podré entrar si no veo puertas? ¿Será que esto también es producto de mis ilusos pensamientos? Mi cercanía a la ciudad iluminada es asombrosa, una fuerza sobrenatural me está absorbiendo. Sin duda, es una ciudad, es real y está iluminada. **¡Una ciudad iluminada!**

— 7 —

¡Hay un camino!

La realidad de una ciudad iluminada me ha animado; mi vigor se ha catapultado. De pronto me invade una sensación desconcertante: ¿cómo podré entrar a esa hermosa ciudad iluminada? He deambulado por un universo sin rumbo fijo, sin caminos, sin puertas, sin entradas ni salidas; ¿qué haré ahora que estoy tan cerca de algo real? ¡Madre del alma, creo que es real! Me animaré a indagar sobre la entrada, si es que se puede acceder a esa ciudad. ¿Podrá un miserable como yo encontrar el camino que conduce a esa ciudad?

¡El acceso a la ciudad iluminada está oculto, no se puede ver a simple vista! No veo rastros, ni pisadas; no veo senderos hollados por humanos, que conduzcan a esa ciudad. ¡Es como querer alcanzar lo inalcanzable! El patriarca tenía razón: "Senda que nunca la conoció ave, ni ojo de buitre la vio; nunca la pisaron animales fieros, ni león pasó por ella." Pocos han tenido el privilegio de entrar a esa ciudad iluminada, ¡si es que lo han conseguido!

Me acerco sigiloso a la ciudad resplandeciente; las dudas sobre la posibilidad de entrar nublan mis ojos. ¡La ciudad parece tener vida! Si hay vida en la ciudad iluminada es porque algunos han encontrado el acceso a ella. ¡Que lo encuentre, Padre amado! Debe haber un camino, un sendero, un lugar donde abrirse paso para llegar. ¡Veo como el rastro de un pequeño caracol sobre la piedra! Mi mundo de ilusiones se ha activado, ¿será posible que haya un camino?

¡Hay un camino! El grito de mi alma retumba en la inmensidad. ¡He recobrado las fuerzas que alguna vez pude haber tenido! Veo un pequeño camino en la realidad que ahora experimento, ¡y parece real! Me acerco como la fiera sedienta al residuo de un lago. He alcanzado el camino. ¡Que no sea un sueño, madre del alma!

Una sensación indescifrable me invade. Disfruto de la realidad de estar en el camino; siento un cosquilleo, como el de un adolescente enamorado. ¡En mi alrededor todo se ha transformado! ¡Qué diferente es el mundo cuando se encuentra el camino! Voy camino a la ciudad iluminada, ¡creo que ahora sí! ¡Hay un camino real! **¡Hay un camino!**

— 8 —

¡Continuaré!

¡Vivo mi realidad, la realidad de un camino hacia la ciudad iluminada! En el mundo en que he deambulado nunca sentí la armonía, la paz y el sosiego que se siente al estar en el camino. Ahora que he encontrado el camino, no me detendré, no miraré atrás, ¡continuaré!

Mientras transito por el camino que conduce a la ciudad iluminada, me siento como aquel iluso de Moguer *"extasiado en el crepúsculo"*. Seguiré por el camino hasta llegar donde anhelo. ¿Qué o quién me podrán detener? ¡No lo gritaré muy fuerte, pues un resbalón lo da cualquiera! Pero, mientras aquella luz me sustente, no me detendré. ¡Continuaré!

Persisto por el camino, aunque mis pensamientos estén enfrascados en una batalla campal. "Los deseos carnales que batallan contra el alma" me quieren desviar del camino que he encontrado, ¡pero continuaré! Me ha asaltado la sensación de algo perdido, pero realmente no lo puedo comprender. ¿Cómo es que, después de buscar tanto el camino, tenga la sensación de que algo he perdido? ¡Ay, madre del alma, que no me dé con volver atrás!

¡Me acerco a la ciudad iluminada! No me he distraído, a pesar de mis mugrosos pensamientos. Hay árboles y hermosas flores a la vera del camino. Sin embargo, aún llevo conmigo la sensación de algo perdido, de lo que de dejé atrás. ¡Qué lucha, Dios amado, ¡ayúdame a proseguir por el camino! Pensé que al encontrar el camino mi agonía habría terminado, pero no, aunque atenuada, está ahí, como una piedra en el zapato. ¡Cuán frágil es la persistencia de los que van por el camino!

A pesar de los contratiempos que me abruman en el camino, he persistido. ¡Sólo quiero avanzar, Padre del alma! Una suave brisa hace menos dificultoso mi transcurrir en el camino a la ciudad iluminada; por medio de ella recibo lucidez y paz. ¡Gracias, padre del alma, continuaré de tu mano! Sí, en toda circunstancia, **¡continuaré!**

— 9 —

¡No más desierto!

¡Mi mundo ha sufrido una inigualable y maravillosa transformación! Una metamorfosis sinigual ha trocado el desierto en un hermoso paisaje. Flores y aromas exuberantes permean todo el camino a la ciudad iluminada. Los pajarillos ensayan la sinfonía de la vida para un apoteósico concierto universal. La luz de la ciudad mira por cada recoveco la naturaleza escondida. ¡Todo es color, flores, aromas, canciones y luz! ¡No más desierto!

¡Me acuerdo de aquel desierto como quien despierta de una pesadilla! ¿Por qué no se hace más asequible el camino a la ciudad iluminada? ¿Por qué los hombres añaden, una sobre otra, innumerables trabas para despistar al desdichado del camino que anhela encontrar? ¡Ay, madre del alma, cuanta torpeza nos ha cegado! Pensamos que mientras más obstáculos pongamos en la carrera hacia el camino recto, las personas estarán más purificadas para encontrarlo. ¡Cuánta crueldad, Señor amado!

¡Qué distinta es la vida sencilla y descargada del que encuentra el camino a la ciudad iluminada! Las penitencias y sacrificios que nos imponen los demás es la mayor carga que nos impide avanzar hasta encontrar el camino. Los hombres nos imponen sus temores y complejos ocultos "tales como: No manejes, ni gustes, ni aun toques." ¡Esa es la carga que ellos no pueden llevar! Ya lo dijo el Galileo: *"Porque atan cargas pesadas y difíciles de llevar, y las ponen sobre los hombros de los hombres; pero ellos ni con un dedo quieren moverlas."* ¡Si supieran que la vida en el camino es sencilla y hermosa, aunque estemos en un mundo árido e inhóspito! ¡No quiero volver allá, madre del alma! ¡No más desierto!

¡Respiro el aire puro de un jardín perdido! ¡Que placentero es el verdadero camino a esa ciudad! ¡Cuántos caminos nos han endilgado los hombres! Son sus propios caminos, los de sus miedos, los de sus complejos, los de sus paranoicos pensamientos, los de sus "perros amarrados", que no se atreven soltar. Sin darse cuenta, encaminan a los otros por los desiertos de la vida, por el pedregal estéril, por las sendas enfermas y torcidas por donde ellos deambulan. ¡Si las personas sencillas y sabias pudieran detenerse y pararlos en seco! Juntos gritaríamos, que lo escuchara el universo entero: **¡no más desierto!**

— 10 —

¡Se rompen las cadenas!

¡Estoy entrando a la ciudad iluminada! Todos cantan una nueva canción, la canción de los redimidos. No sé cómo, aparece en el archivo de mi memoria esa maravillosa canción. ¡Estoy cantando con todos! ¡Cuánto júbilo se esparce por la ciudad; es como una gran celebración! Las cadenas que me ataban a un pasado tormentoso se han caído. No sabía lo que era libertad hasta disfrutar de ella, no hay amarras a trivialidades del pasado, siento que este lugar no está sujeto a la ley de la gravedad. No hay palabras para explicar lo que me sucede, sólo se puede sentir, se puede disfrutar. ¡Se han roto las cadenas!

A las afuera de la ciudad iluminada hay un gran depósito de cadenas rotas. Allá está el orgullo, esa cadena que nos hace creer lo que no somos; allá el dolor, que nos mantiene amarrados al profundo sufrir y a la agonía. Hay en ese lugar residuos de las asquerosas cadenas de la envidia que mantiene a los humanos queriendo tener lo que tiene a los demás. Allá, los vicios que arrastran las vidas a las profundidades de la maldad y la penuria. Los añicos de lujuria están allí, y se retuercen como trozos de una serpiente milenaria. Hay evidencia incuestionable de una verdad grandiosa: ¡Se rompen las cadenas!

En la gehena de las cadenas están los destrozos de inmensos complejos que le roban la alegría a grandes y chicos. ¡Cuántos de ellos amargaron mi existencia madre del alma! ¡Cómo son desvalorizados los mortales por esas ataduras infernales! Pero ¿quién los reconoce? ¿Quién tiene el valor para reconocerlos y aceptarlos? ¡Nadie! Sin embargo, ahora no importan, ya tengo una convicción profunda: ¡se rompen las cadenas!

Me tomaría demasiado tiempo y paciencia mencionar la amalgama de residuos que hay en el depósito de cadenas. Todas están allá, en su lugar. Los celos, la avaricia, la religiosidad, los delirios de grandeza, la inmoralidad, etc. ¡Todas están hechas escoria! **¡Se han roto!**

— 11 —

¡Libre!

¡Qué vago concepto tenía de lo que es ser libre! La libertad es como los manjares, se sabe, verdaderamente, cómo son, si se degustan. ¡Qué sabrosa es la libertad! ¡Cuántas ataduras tenía, Fela del alma! Lo sé ahora, porque me siento libre. Pensamos que los que están almacenados en las cárceles son los cautivos; pero no es así necesariamente. La mayoría de las prisiones no se ven. Vagabundeamos por el mundo atados con cadenas invisibles. ¡Sólo se es libre cuando disfrutamos la libertad sin ataduras de ninguna clase!

En la ciudad iluminada se disfruta la libertad. Aquí no hay ansiedades, preocupaciones, no hay relojes que marquen la presión del tiempo, que agobia a los humanos. ¡No hay prisa! Hemos sido, liberados, redimidos, excarcelados, sueltos de cadenas y toda atadura.

¡En los rostros de todos hay alegría! El aire está puro, las aguas cristalinas, la naturaleza luce sus brillantes colores, los pajarillos nos brindan su sinigual concierto; todo está en armonía. En el centro de la ciudad hay un melodioso y transparente manantial Es como un gran espejo, libre de correr al infinito. ¡Dichosos los que por gracia y misericordia alcanzan la bendición de la verdadera libertad! ¡Cuánta paz hay en el alma! ¡Ahora grito de gozo!

Los que han luchado por la libertad de sus semejantes, de sus pueblos, de su gente, ¿tendrían conciencia de tan poderosa gesta? ¡Cuántos han alcanzado la verdadera libertad buscando la que es fugaz! Delante de ellos y ellas me quito el sombrero. ¡Ay, madre del alma, que afortunados fueron!

En la ciudad iluminada hay gozo perpetuo, hay canción y bulliciosa alegría. ¡Quisiera ver a aquel iluso de Atlanta! ¡Debe estar por ahí! Cuando lo vea, (¡Que pueda verlo, Padre amado!) gritaré junto a él lo que gritó en su mensaje: "¡Libres al fin! ¡Libres al fin! Gracias a Dios Todopoderoso, ¡somos libres al fin!"

— 12 —

¡Me han puesto un anillo!

¡Soy feliz en la ciudad iluminada! Mi mente está renovada; no hay dolencias, ni achaques, ni enfermedad. ¡Cuánto perdemos de la vida con tantos quebrantos! El mundo enfermo que dejé allá es un vago destello del pasado. ¡Si supiéramos aprovechar cada segundo de vida sana! Las camas del dolor nublan nuestra estadía en el mundo material, no nos permiten ver las bendiciones. ¡Qué diferente la vida sana y libre!

En la celebración eterna de la ciudad iluminada constantemente se reciben hijos; hijos que supieron serlo en un mundo sin amor y de intereses materiales. ¡Ay, madre del alma, que yo haya sido uno de ellos! ¡Cuánta crueldad y desamor hay en la tierra! El templo del hogar es profanado por los padres y por los hijos, por las esposas y los esposos. El odio y la incomprensión reina en muchos hogares; las casas sólo son lugares para existir.

Sin embargo, los que alcanzan la gracia de la ciudad iluminada están en un hogar de paz. ¡Todos somos hijos e hijas amados! ¡Se siente el amor del padre! Precisamente me he encontrado con el Padre, me ha dado un abrazo de bienvenida. ¡Qué felicidad inmensurable es recibir ese abrazo cálido y amoroso! ¡Cuánto bien hace un abrazo cálido y amoroso! Pienso que una de las actitudes indecibles más trascendentales es un abrazo, un abrazo sincero y lleno de amor.

El padre me ha tomado la mano. ¡Cuánta seguridad emana de la mano de un padre amoroso! ¡Cuántos hijos nunca han sentido una mano amorosa que les sostenga! ¡Cuánta paz fluye del amor del Padre! Siento que el Padre está colocando algo en mi dedo, apenas puedo mirar de la alegría que me invade. Ahora he mirado mi mano. ¡Qué maravilloso momento! Me han conferido todos los privilegios de hijo. **¡Me han puesto un anillo!**

— 13 —

¡Por fin!

¡Mi deambular sin sentido ha concluido! ¡Por fin! Mi gritar al infinito queda en suspenso, no me inmiscuiré otra vez en la podredumbre que vi al otro lado. No me afectará otra vez el fingimiento de las gentes, no, ¡por favor! El dolor que una vez me invadía no permitiré que se acerque nuevamente. Tratar de entender todo misterio es una tarea colosal, no lo intentaré esta vez. Trataré de no poner mi mirada en la miseria y sí en lo maravilloso de la vida. Dejaré esa lucha, ¡por fin!

Perdonaré a los que me ofenden, aunque no es fácil, ¡lo haré! Veré en cada persona un amigo, inclusive en mí mismo; y dejaré de andar con prisa, ¡claro que sí! Entenderé que la vida no es justa, que no lo ha sido, ni lo será; lo entenderé, ¡sí señor! Trataré de entender las reglas, me resignaré a las que no entienda e impondré las menos posibles, sí. ¡Lo haré por fin!

Confiaré en los que sean dignos, sin hipocresía ni intereses vanos. Aceptaré a todos como realmente son, no le impondré mi punto de vista. ¿Por qué lo debería hacer? Trataré de impartir vitalidad donde haya agonía y fuerzas al que esté agotado. ¡Lo haré, con la ayuda de Dios! Buscaré recordar siempre mis deberes, y ser como soy y no como otros quieran que sea. Por fin, aprovecharé cada minuto, como si ese fuera el último día de mi vida. ¡Por fin!

Mantendré el alma despierta, aunque mi cuerpo duerma, o muera, o languidezca, lo haré. Cuando alguien venga a consolarme, intentaré reciprocarle con atenciones, para que se vaya consolado. Disfrutaré mis lágrimas y los momentos dolorosos, para diferencialos de la risa y la salud. ¡Ayúdame a lograrlo, Padre querido! Afirmaré que todo problema tiene solución, porque la "no solución" es solución al problema. ¡Lo afirmaré, por fin!

No mendigaré una algarroba, cundo hay tanta abundancia en la casa del Padre; ni me sentiré huérfano jamás. ¡Por fin! Soportaré el ruido bullicioso y los niños que forman la algazara, para poder disfrutar de la paz del silencio. ¡Sí! Tendré cuidado en mis tareas rutinarias y en las más solemnes, para no dejar una chapucería como legado a las generaciones futuras. ¡Tendré ese cuidado! ¡Lo tendré por fin!

Aunque hay mucho escombro en este mundo, trataré de encontrar lo edificante, lo bueno y provechoso. ¡Lo intentaré! Aunque hay mucha corrupción en las instituciones, buscaré gente honesta e incólume; aunque la tarea sea como buscar una aguja en un pajar. En fin, cambiaré mi visión de mundo, aunque para ello deba usar lo espejuelos del amor y la comprensión. No lloraré sin una razón gigantesca, porque siempre las habrá.

Amaré la vida, la gente, la naturaleza; todo por lo que haya razones para amar, hasta el día que disfrute de la ciudad iluminada y pueda gritar: **¡por fin!**

— 14 —

¡Gracias!

La ciudad iluminada está repleta de redimidos llenos de gratitud. Todos saben que están allí por pura misericordia y amor. Ser agradecido es una de las virtudes menos abundantes en los mortales; pero allá sólo disfrutan los agradecidos, los que se saben no merecedores de lo recibido. ¡Hay tantas cosas que pensamos que nos merecemos! Si lo merecemos, no podemos decir: ¡gracias!

Gracias, Señor, por la salud; ¡hay tantos enfermos que no la aprovecharon! Gracias por el aire, ¡hay tantos que se les hace dificultoso respirar! Gracias por la vista, ¡hay tantos que quisieran ver lo que antes vieron! Gracias por que oímos, ¡hay tantos que no pueden escuchar el murmullo de las aguas! Gracias por nuestros pies, ¡hay tantos que han quedado en el camino! ¡Gracias!

Gracias por las aguas, ¡cuántos mueren de sed en un mundo enjuto! Gracias por el sol, ¡él imparte vida que emana de ti! ¡Gracias por mi hermano y mi hermana, ¡hay tantos en la soledad! Gracias por los vecinos, ¡nos hacen recordar que el mundo es de todos! Gracias por nuestros amigos, ¡hay tantos que no los aprecian! Gracias por los que se consideran nuestros enemigos, ¡nos hacen recordar que no somos perfectos! Gracias por la oración, ¡hay tantos que no quieren hablar contigo! Gracias por la tierra donde nos has puesto, ¡hay tantos que no la cuidan! Gracias por el mar que baña nuestras costas, ¡nos hace recordar que hay un límite!

Gracias por un corazón sensible, ¡hay tantos que permanecen endurecidos! En fin, gracias por todo, porque nunca terminaremos de enumerar todas las bendiciones que de ti recibimos. Por lo que sabemos y por lo que desconocemos: **¡GRACIAS!**

— 15 —

¡Ahora recuerdo!

¡Una vez viví muy olvidadizo! ¡Que mente la mía, madre del alma! Viví desmemoriado, sonso y con amnesia total. ¡Pero todo ha cambiado! Mi llegada a la ciudad iluminada me ha hecho volver en mí. Todo aquel torbellino de ideas borrosas ha terminado... ¡ahora recuerdo!

Ahora recuerdo qué es la paz, pues disfruto de ella a plenitud. ¡Cuántas tormentas se desataron a lo largo de mi existir! Los peligros que me quitaron la paz se han esfumado, las preocupaciones que me desvelaban son recuerdos del pasado. Ahora recuerdo la diferencia entre guerra y paz; aquella era antes, ésta es ahora.

Viví patidifuso tratando de saber lo que era amor... pero hora recuerdo lo que es el amor porque puedo amar y ser amado. Ahora recuerdo que el amor no es una teoría, es una manera de vivir. ¡Cuán selectivos somos para amar! ¡Cuántos poemas de amor, madre del alma! ¡En la letra es más fácil! La vida diaria es otra cosa... ¡Ahora lo recuerdo!

Fui muy distraído para esperar lo que no podía entender. La esperanza no era parte de mi equipaje para la vida. Pero, ahora recuerdo la importancia de confiar y esperar en que lo mejor sucederá. ¡Si pongo mi esperanza en lo correcto alcanzaré lo mejor que se me ha prometido! Gritaré con el dulce cantor de Israel: *"Y ahora, Señor, ¿qué esperaré? Mi esperanza está en ti".*

Se me había olvidado lo que era la alegría, porque vivía en un mundo lleno de angustia y tristeza. Ahora recuerdo lo que es la alegría, vivo en un ambiente continuo de celebración. Creo que me han trasplantado un dispositivo que fabrica gozo y me da las razones para continuar. Ahora recuerdo todas las virtudes hermosas que están disponibles para mí y para todos. **¡Ahora recuerdo! ¡Gracias, Señor!**

— 16 —

¡Un rayo de esperanza!

En medio de la oscuridad que de cierne en el universo, la ciudad iluminada resplandece como un rayo de esperanza. ¡La humanidad ha perdido la esperanza! Tras la errática dirección de los principales líderes de las naciones y la debilidad moral de las principales instituciones las gentes buscan otro lugar donde poner su esperanza. En medio de ese caos social, moral y espiritual surge un rayo de esperanza. ¿Cuál es?

Puede ser que muchos piensen que el rayo de esperanza para esta oscura humanidad es la iglesia. Pero no, la iglesia también le ha fallado malamente a una sociedad caída. ¡Los modelos que buscamos en la iglesia muchas veces nos han dejado con la boca abierta! ¡El que no tiene dinga, tiene mandinga; y el que no, ¡tiene las dos! ¡Cuántos han abandonado la iglesia decepcionados por lo que en ellas sucede!

No hay institución alguna que podamos escoger como un rayo de esperanza para la humanidad sin rumbo. ¡Todas, he escrito: **todas**, las instituciones humanas nos han fallado! ¿Por qué nos han fallado? Porque son humanas. ¡Todos quieren reparar lo dañado, dañando más! Sólo queda un rayo de esperanza en medio de esta densa oscuridad. ¡Sólo uno!

¡El único rayo de esperanza que nos queda es JESÚS! Cuando una persona se acerca sinceramente a Jesús con un corazón arrepentido y sigue sus pisadas, esa es la única alternativa para esta sombría generación. Esa relación con el Maestro es lo que podrá conducir al ser humano a la presencia del Padre. Con la iglesia, y a pesar de la iglesia, la relación personal con Jesús es lo que nos guiará a la ciudad iluminada, a la presencia del Padre.

¡Quizás te he desilusionado! ¡Cuántos piensan que el hecho de asistir a un templo y participar de la liturgia, ya son merecedores de una aureola! ¡No, no es así! Ser cristiano es una manera de vivir, no es ser religioso. ¡Cuántos religiosos están más perdidos que el diablo! ¡No se puede engañar a todo el mundo todo el tiempo! ¡Dios no puede ser burlado!

Hay un rayo de esperanza para toda la humanidad: JESÚS.

— 17 —

¡Amanece!

¡Amanece en la ciudad iluminada! ¿Cómo lo sabemos? Las aves han comenzado su ensayo matinal. No hay muchas formas de saber cuándo amanece en la ciudad. Todo permanece iluminado indefinidamente. La celebración no se detiene, el gozo es constante, la alegría contagiosa. Es el amanecer a una vida sin límites, sin barreras, sin cargas, si preocupaciones. ¡Es un amanecer a la eternidad!

Las tinieblas se han disipado por siempre, el dolor ya no aparece, es una paz verdadera, el amanecer de un día interminable. ¡En la ciudad iluminada todo es extraordinario! La presencia del Padre es real y amorosa; no hay palabras humanas que lo puedan describir. ¡Ay, madre del alma, qué delicia insuperable es esa presencia!

¡Es el amanecer interminable! ¡La ciudad rebosa de alegría! Todos cantan a una voz, es el cantar de los redimidos, de los que, después de vagabundear por los recovecos de la tierra se mantuvieron fieles a Jesús. ¡Qué dicha después de tanta tribulación! La fidelidad a Jesús y su enseñanza les hizo aceptables ante el Padre. ¡Si todos siguiéramos fielmente la vida del Maestro! ¡Si pudiéramos seguir sus pisadas!

El sol brilla en todo su esplendor cuando amanece; pero en la ciudad iluminada no hay sol. El sol ha sido sustituido por la presencia del Padre. Allí está ese inigualable esplendor de su presencia. En la cuidad iluminada sólo hay un amanecer, un amanecer eterno, el amanecer de su perpetua presencia.

— 18 —

¡Todo en calma!

Al amanecer, en la ciudad iluminada, todo está en calma. La paz, el sosiego, la serenidad del orbe, crea un ambiente sin par. No vemos gente de aquí para allá, ni de allá para acá; todo está en perfecta quietud. ¡Ay, Fela del alma, si alcanzáramos esa paz en nuestro deambular por la vida!

¡Quien fuera poeta, para describir con palabras humanas lo indescriptible! El manantial de la ciudad iluminada continúa melodioso su tranquilo discurrir. ¡EL manantial también está en calma! ¡Cuánta paz disfrutaremos a su presencia! ¡Qué bien lo describió el hijo de Isaí! *"Me mostrarás la senda de la vida; en tu presencia hay plenitud de gozo; delicias a tu diestra para siempre."*

Vivimos en un mundo estruendoso, desesperado y sin calma. Las gentes ya están acostumbradas al alboroto y a las presiones. El universo espera el día que el Eterno proclame con su todopoderosa autoridad:

¡Todo en calma!

¡Lo demás!

¿Y qué más gritaré? ¡Lo demás, ... densa y profunda neblina esperando el sol, que nunca llega!

Printed in the United States
by Baker & Taylor Publisher Services